U0163981

近代中國知識分子在臺灣
2

林慶彰、陳仕華◎主編
何淑蘋、鄭誼慧◎編輯

目　　　次

序／林慶彰 ···001

孫中山在臺灣／奚敏芳 ·····················001

　一、前言 001

　二、傳承革命的香火——臺灣與國民革命的淵源 005

　三、孫中山以臺灣作為革命策劃接濟的最佳據點 009

　四、臺灣志士與孫中山領導的辛亥革命 016

　五、孫中山對臺灣抗日運動的影響 021

　六、臺灣同胞哀悼孫中山先生 026

　七、光復臺灣是孫中山先生的宿願 032

　八、臺灣是實行三民主義的模範省 034

　九、「養浩然正氣，讀有用書」——孫科先生在臺灣 036

梁啓超在臺灣／邱白麗 ·····················049

　一、前言 049

　二、梁啟超遊臺之目的 053

　三、梁啟超的臺灣行 056

　四、梁啟超對臺灣知識分子的影響 078

　五、結語 088

辜鴻銘在臺灣／林慶彰 ·················· 097

一、 臺灣新聞界的預告 *098*

二、 辜氏訪臺行程 *103*

三、 論東西教育的異同 *106*

四、 振興中國需靠綱常名教 *109*

五、 臺灣學者的反響 *115*

郁達夫在臺灣／范佳玲 ·················· 121

一、 好消息傳來 *121*

二、 重頭說達夫 *122*

三、 達夫的到來 *126*

四、 臺北的座談 *129*

五、 短暫臺中行 *132*

六、 行至南臺灣 *133*

七、 襲擊性早訪 *134*

八、 特務的監視 *137*

九、 達夫臺灣情 *140*

錢鍾書在臺灣／林耀椿 ·················· 147

附錄

一：梁啓超在臺作品彙編／邱白麗整理 ·················· *169*

二：辜鴻銘來臺相關報導彙編

／林慶彰編、藤井倫明譯 ·················· *217*

序

　　1994年底，臺北市長選舉進入高潮，統獨爭論甚囂塵上。當時，幾位在大學教書的朋友心中頗有感慨。大家提議可以騰出一點時間來作本土關懷的事。我從1995年初開始蒐集日治時期臺灣儒家的資料，歷經五年多的時間，編成《日據時期臺灣儒學參考文獻》，全書收吳德功、洪棄生、胡南溟、章太炎、連橫、張純甫、周定山、林履信、郭明昆、廖文奎、黃得時、江文也等十二位學者有關儒學的著作。部分日文論著為方便閱讀，也請學者譯為中文。現在這套書已成為研究日據時期臺灣儒學最基本的文獻。

　　在編輯《日據時期臺灣儒學參考文獻》的過程中，我發覺從清代開始有不少學者來臺擔任要職，且留下不少事蹟，如：清領時期有姚瑩、劉家謀、劉銘傳等人，日治時期來臺的有辜鴻銘、章太炎、梁啟超、孫中山、郁達夫等人，他們的目的不一，雖以觀光訪問居多，但仍造成一定的影響，光復初期來臺宣導文化的學者也不少，但以錢鍾書最受矚目。至於國民政府遷臺前後，來臺長期定居，從事研究或教學的學人更多，他們在臺的種種事蹟，和對學術的貢獻，也應加以表彰。

　　我在授課之餘，常常問學生辜鴻銘、章太炎、梁啟超、孫中山、郁達夫、錢鍾書都來過臺灣，你們知道嗎？學生不是范

然無所知，就是一副很驚訝的樣子，這不是學生的迷失，而是偏差教育政策所造成的無知。為了略盡一位臺灣知識人的責任，我想將上述十位來過臺灣的中國知識分子各邀請一位學者以兩萬字的篇幅來陳述他們在臺的事蹟和影響。1996年我開始邀集以東吳大學和淡江大學為主的年輕學者和研究生擔任撰稿工作，一年間已完成姚瑩、劉家謀、劉銘傳、唐景崧、章太炎、梁啟超、孫中山、郁達夫等八篇，再加上林耀椿先生所撰寫的〈錢鍾書在臺灣〉，已有九篇，足夠輯成一部二十餘萬字的大書。1997年9月起我接受行政院國家科學委員會補助，赴日本九州大學研究一年，編輯工作也停頓下來。次年回國後，開始執行「清乾嘉經學研究計畫」、「清乾嘉揚州學派研究計畫」等兩大計畫，此一編輯工作根本無法進行。2000年初，我想到辜鴻銘既然來過臺灣，且留下許多相關材料，何不將所有材料彙為一編。2001年7月此一工作編輯完成。文稿名為〈辜鴻銘來臺相關報導彙編〉，刊於《中國文哲研究通訊》十一卷三期（2001年9月）中，我再以這篇相關報導彙編為基礎，參考其他資料，寫成〈辜鴻銘在臺灣〉一文，連錢鍾書和這篇辜鴻銘合計十篇。這十篇論文，就分兩冊出書。自1996年下半年開始籌劃，直到今年（2002年）7月編輯工作才全部完成，經歷近六年之久。至於國民政府來臺後，在臺工作的學者，我們也計劃編輯兩冊，這部分就等下階段再出版。

各篇論文大抵論述各學者來臺動機、經過和影響等基本事實外，也依各學者學術特質的不同，作特別的論述。如辜鴻銘因在臺發表〈東西教育的異同〉和〈綱常名教定國論〉，所以

〈辜鴻銘在臺灣〉一文,也討論到辜氏這兩方面的論點。此外,為讓讀者對這些學者來臺的情形有更全面的了解,在論文的論述之外,我們作了三項加工:㈠在書中加相關圖片:包括學者的圖像、手跡、著作書影、當時新聞報導等。㈡在各篇論文之後附相關文獻:有些學者來臺的情形,已有不少學者作過相關論述,如:孫中山、章太炎、梁啟超等都是,為了方便讀者查尋相關資料,我們將相關條目,附於各篇論文之後,從相關條目的多寡,也可以反映該論題受注意的程度。㈢用附錄收錄部分學者來臺相關資料:辜鴻銘來臺期間,各新聞媒體有許多報導,我將所編〈辜鴻銘來臺相關報導彙編〉收入本書附錄一。章太炎、梁啟超在臺期間,有大量的詩文留傳,由歐修梅撰寫〈章太炎在臺灣〉、邱白麗撰寫〈梁啟超在臺灣〉時,也將這些資料加以收集,編入附錄中。

　　本書編輯期間,曾與《書目季刊》主編陳仕華教授約定一起主編,我們曾共同討論全書體例。陳教授並將大部分之論文逐篇修改,並提出意見。編輯工作非常繁瑣,相關文獻部分,除我檢索部分資料外,大部分條目都由何淑蘋、鄭誼慧學弟增補,兩學弟也擔任全書圖片的蒐集和校對工作,謝謝他們的辛勞。

　　除這書外,我也另外策劃了一套《近代中國知識分子在日本》,作為這書的姊妹書。我們雖很努力工作,但囿於時間,必有許多不夠完備的地方,懇請先進同好賜予指教。

二〇〇二年九月

林慶彰　誌於中央研究院中國文哲研究所

孫中山在臺灣

奚敏芳 *

一、前言

　　孫中山先生創立的第一個革命組織——興中會，成立於清光緒二十年（1894）十一月二十四日，那一年也正是甲午戰爭爆發的一年。中日甲午之役，滿清海軍、陸軍均告慘敗，非但曾經名震一時的淮軍、湘軍不堪一戰，就連李鴻章新建經營二十年的北洋海軍也全部覆滅，經歷此役猛烈的重擊，使中國人深切醒悟到，中國戰敗的原因，除了軍事之外，還有更重要的政治、社會、教育等全盤的問題。就因為這樣的省悟，中國先有百日維新，繼而有國民革命，從甲午戰爭到中華民國建立，這中間只有短短的十七年（1894-1912）。我們可以說甲午戰爭的失敗，在外交上造成中國國際地位急遽低落，在內政方面激發政治重大的變革。而所謂的政治變革，即是滿清專制政體傾覆，中華民國建立。

　　滿清甲午戰爭失敗之後，臺灣、澎湖被迫割讓給日本，由

* 奚敏芳，國立僑生大學先修班共同科副教授。

於馬關條約的喪權辱國、
割地求和，使得有識之士
對清廷極度失望，因而促
使了興中會迅速發展，國
民革命的步伐由此益加蓬
勃推進，就在馬關條約簽
訂、臺灣割讓的同一年
（清光緒二十一年，西元
1895 年），孫中山先生毅
然的發動第一次起義——
廣州之役，興中會決定在
廣州起義，先襲取廣州作
為革命根據地，再進而拓

孫中山 像

展至全國各地。 1894 年 11 月〈檀香山興中會成立宣言〉一文
中，提及當時局勢，說：「中國積弱非一日矣！上則因循苟
且，粉飾虛張；下則蒙昧無知，鮮能遠慮。……庸奴誤國，荼
毒蒼生，一蹶不興，如斯之極。方今強鄰環列，虎視鷹瞵，久
垂涎於中華五金之富，物產之饒，蠶食鯨吞，已效尤於接踵；
瓜分豆剖，實堪慮於目前。有心人不禁大聲疾呼，亟拯斯民於
水火，切扶大廈之將傾。」①宣言中沈痛地指出滿清的腐敗與
革命的勢在必行。這次起義事先籌劃半年之久，然卻不幸遭人
告密，因事跡洩漏，而致失敗，革命黨人陸皓東、朱貴全、丘

---

① 引見《國父全集》（臺北：近代中國出版社，1989 年），第 2 冊，
頁 1。

四、程奎光等被捕犧牲。這次廣州起義雖然沒有成功，但是凝聚了革命的力量，並且散播了革命的思想，為民國的建立吹響了第一聲號角。

綜觀以上所述，我們可以清楚地了解，甲午的戰敗，是孫中山先生組黨革命的重要原因；而馬關條約的割讓臺、澎等國土，更促成了他發起並策動第一次起義的決心，從這裡可以明白看出，臺灣與孫中山先生所領導的國民革命，實在是深具淵源而且關係密切。

從甲午年（清光緒二十年，西元1894年）到今天，經過了整整一個世紀，在這一百年之間，中國文化受到外來文化的衝擊，國勢上也飽受到列強的交相侵凌，接連不斷的慘痛挫敗，使得中國已經到了非革命無法救亡圖存的地步，這正是中山先生發動革命的主要原因。這一百年來，臺灣的命運與中國的興衰有著密切的關係。回溯甲午戰爭之際，清朝國勢危殆，臺灣在中國最衰微的時候，忍痛被迫割讓給日本；一直到民國三十四年（1945）中國八年艱苦抗戰得到勝利，侵略者無條件投降，臺灣才終於收復重光。百年以來，由於中國與國際的接觸日趨頻繁，臺灣特別突顯出在中國對外聯繫上軍事、外交、商業等的重要地理位置。臺灣屏障著中國沿海各省，更是中國通往南洋的門戶，不僅如此，臺灣人民的一切也與中國的脈動息息相關，孫中山先生推翻腐敗的滿清，領導中國邁向自由與民主，在革命期間，無數的臺籍人士熱誠投身參與，而國民革命的精神也同時影響了臺灣當時及後來的抗日活動。如今臺灣由於因緣際會有幸成為中國實踐三民主義的第一個省份，充分

享有中國人歷史上前所未有的自由民主成果，處在此時此地，應當特別能夠體會孫中山先生救國救民的思想與精神。

　　孫中山先生，姓孫，名文，字逸仙，旅日時化名為「中山樵」，世稱「中山先生」，廣東省香山縣（今中山縣）翠亨村人。生於清同治五年（1866）十一月十二日，逝世於民國十四年（1925）三月十二日，年六十歲。中山先生致力革命，一生重要的事蹟：二十九歲時（清光緒二十年，西元1894年）在檀香山創立「興中會」；四十歲（清光緒三十一年、西元1905年）又組「中國革命同盟會」（民國元年，改組為「國民黨」；民國三年，又改組為「中華革命黨」）於日本，標舉出「三民主義」、「五權憲法」號召革命。先後經歷十次起義失敗，終於在辛亥年（清宣統三年，西元1911年）十月十日第十一次起義——武昌之役成功，全國各省均紛紛響應，推翻腐敗的滿清專制政體。隔年（1912）一月一日，成立中華民國，在南京組織臨時政府，孫中山先生被推舉為首任臨時大總統，時四十六歲。民國八年，改組「中華革命黨」為「中國國民黨」。十三年，在廣州召開第一次全國代表大會，發表宣言，不久制定建國大綱，並建黃埔軍官學校。十三年冬，應北京政府臨時執政段祺瑞之請，北上共謀國是，力主廢除不平等條約。民國十四年三月十二日因積勞成疾病逝於北京協和醫院。民國十八年奉安於南京紫金山，國人尊為　國父。著作有《三民主義》、《革命方略》、《建國方略》、《建國大綱》等，現合編為《國父全集》。

　　孫中山先生在甲午戰爭那年創立興中會，在馬關條約簽

訂、臺灣割讓的同一年發動第一次廣州起義,又在後來多次的起義中,數度來到臺灣籌劃接濟指揮國民革命事宜,臺灣人民抗日的民族精神也受到中山先生的影響與鼓舞,而臺灣被割讓給日本,孫中山先生更始終不忘光復臺灣,今日在臺灣,率先實踐三民主義,造就了舉世矚目的政治經濟成果,這些都足以看出臺灣在中國近代史上重要而特殊的地位。孫中山先生領導建立民國,創立中國歷史上第一個民主共和政體,也開闢了亞洲民主共和制度的新紀元,對中華民族有著永世不朽的貢獻,更是中國二十世紀最令人崇敬的偉人,因此中山先生與臺灣有關的種種事蹟,都是極為值得我們深入去瞭解並細細去體會的。

二、傳承革命的香火
——臺灣與國民革命的淵源

清光緒二十年(1894)孫中山先生(以下簡稱孫中山)曾經離粵北上,打算上書給李鴻章,陳述「人盡其才,地盡其利,物盡其用,貨暢其流」的救國大計,但那時中日情勢緊張,李鴻章正忙於外交和軍事的籌劃,又備受朝廷內外的指責,無暇接見孫中山,政治改革的事自然就更談不到。孫中山沒有見到李鴻章,知道和平改革已經沒有希望。同一年,甲午戰爭爆發,孫中山再度前往檀香山,在檀香山創立了興中會,第一個國民革命的組織於是誕生。興中會以「驅逐韃虜,恢復中華,創立合眾政府」做為誓詞,揭示了民族、民權兩項宗

旨，誓詞中的「驅逐韃虜，恢復中華」，無可置疑的，除了驅除滿清外，亦包羅了驅逐日寇，光復臺灣。清光緒二十一年（1895）臺灣割讓給日本，孫中山益加感到清廷之不可為，以及國家民族的前途岌岌可危，就在這一年發動了第一次革命起義行動——廣州之役，起義失敗之後，不久又安排陳少白前來臺灣發展革命組織，以下分述孫中山早期最重要的革命組織——興中會與同盟會，在臺灣設置分會的情形。

㈠光緒二十三年，臺灣成立興中會分會

　　清光緒二十三年（1897）陳少白來到臺灣，由基隆登岸再到臺北，首先訪查興中會的老同志楊心如。楊心如是孫中山最初倡言革命的同志楊鶴齡②的堂弟，早年曾在廣東加入興中會，並且參加了廣州起義，起義行動失敗之後，來到臺北謀生，擔任良德洋行司賬的工作。陳少白找到楊心如之後，又經由楊心如的介紹，認識了良德洋行的經理吳文秀，吳對興中會的革命宗旨非常贊同，安頓陳少白住到良德洋行，三人共同策劃在臺灣發展興中會的組織，接著，又再結識了趙滿朝、容祺年等，這些人後來都成為臺灣興中會分會的會員。陳少白又再前往臺南，原本想多聯絡幾位同志，但是日本警廳監視得十分嚴密，因而沒有什麼收穫。陳少白由臺南回到臺北之後，就在一八九七年的冬天，十一月上旬時，與楊心如、吳文秀等組成了興中會臺灣分會，會所設於楊心如的住宅。這是革命黨人首

---

②　楊鶴齡為孫中山在香港西醫書院就讀時的同學，與孫中山、陳少白、尤烈時人稱「四大寇」，是最早鼓吹革命的同志。

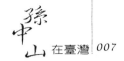

次在臺灣建立的據點。次年閏三月上旬,陳少白由日本再度到
臺灣,這次停留了將近半年的時間,除了聯繫臺灣同志之外,
並進行招募同志及募集革命經費等事宜。

　　陳少白前後兩次來到臺灣的活動,雖然招募到的同志不
多,但是成立了興中會臺灣分會的革命組織,卻有著相當重要
的意義,因為興中會是孫中山創立的第一個革命組織,自西元
一八九四年創立於檀香山之後,第一個支會在一八九五年成立
於日本橫濱,第二個支會即在一八九七年成立於臺北,這證明
了臺灣與大陸血脈相連、密切的互動關係。

㈡宣統二年,臺灣成立同盟會分會

　　興中會對於國民革命的推動,具有啟發引導的貢獻;同盟
會則是承先啟後的重要革命組織,兩者都在中華民國的革命史
上具有重要的地位。光緒三十一年(1905),孫中山為了集中
革命力量,統一革命步驟,決定在東京聯合其他革命團體,擴
大興中會成為中國同盟會,明白揭示以「驅逐韃虜、恢復中
華、建立民國、平均地權」為宗旨,並決定中華民國的國號。
成立不久,會員就已達到一萬多人,分支機構遍佈全國各省。
《民報》(月刊)是同盟會有力的宣傳機關,孫中山在〈發刊詞〉
中正式標出民族、民權、民生三大主義,規劃要將政治革命和
社會革命一次完成。同盟會成立之後,革命運動邁向了一個新
的階段,從光緒三十二年到光緒三十四年(1906-1908),同盟
會一共發動七次起義③,雖然均遭失敗,但革命黨人捨身救
國、壯烈犧牲的精神,激盪發揚了革命風潮,為後來革命的成

功奠立了基礎，功不可沒。

　　宣統二年（1910）中國同盟會會員王兆培來臺發展會務，在日本統治下的重重困境中，成立了同盟會臺灣分會。王兆培進入臺北醫學校就讀，暗中吸收同志，首先加入的是翁俊明，後來陸續有蔣渭水、蘇樵山、曾廣福、黃調清、王傳薪、劉兼善等加入革命陣營。一九一一年同盟會在臺灣的組織工作，已經由醫學校而推廣於國語學校、農事試驗場，並組織了外圍團體「復元會」。會員的活動包括聘人教習祖國正音國語、灌輸民族思想、促進革命啟蒙運動，以期蔚為反日風氣，達到歸宗祖國的目的。為了貫徹這個宗旨，凡是同盟會會員提到國家，一律稱作祖國，絕不襲用日人所稱的「支那」，紀年方式也採用祖國年號。

　　民國三年（1914）會員深感同盟會組織有重新調整加強的必要，於是在這一年的十一月九日於臺北艋舺召開會員大會，原本預定要擴大組織，但結果卻不得不決定解散。解散的原因有幾項複雜的因素，第一是羅福星主持的抗日活動失敗，許多革命同志被捕入獄，日本政府因此加緊壓迫革命運動；第二是中國同盟會這時已經改組為國民黨，而日本統治下的政府法律禁止政治結社，所以不允許公開的政黨及活動。迫於當時臺灣的政治環境，不得已只好解散。同盟會臺灣分會從成立至解

---

③ 根據孫中山先生自己的敘述，有：萍鄉醴陵之役、潮州黃岡之役、惠州七女湖之役、欽州防城之役、鎮南關之役、欽廉上思之役、雲南河口之役。見《國父全集》，第2冊，〈中國革命史〉，頁358-359。

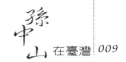

散，前後僅有四年（1910-1914），但是有其重要的意義，它建立了革命組織，延續興中會的革命傳統，用實際的行動支援孫中山的革命運動；另一方面，臺灣也受到國民革命民族精神的激勵與啟發，民眾抗日的活動始終不曾間斷。

　　興中會、同盟會是孫中山早期創立的重要革命組織，臺籍志士參加的人很多，兩者也都在臺灣設立了分會，因為孫中山倡導的國民革命運動，是以收復整個中國的國土做為目標，為臺灣的光復燃起了希望，所以得到臺灣同志的傾力支持，因為臺灣同胞深深瞭解，唯有革命成功，中國才有富強的希望；而也唯有中國富強了，臺灣才能脫離日本統治，得以光復。臺灣與孫中山領導的國民革命，自始即是如此相依相輔，淵源密切而不可分。

三、孫中山以臺灣作為革命策劃接濟的最佳據點

　　孫中山曾經數度來到臺灣④，最主要的有光緒二十六年（1900）、民國二年（1913）、民國七年（1918）及民國十三年（1924）幾次，以下分述孫中山這幾次來到臺灣的情形。

---

④ 孫中山先生來臺灣的次數，有各種不一的說法，主張或同意四次的，有《國父年譜初稿》、《國父年表》、黃純青先生、黃啟瑞先生等；方豪先生則曾提出六次、七次、八次之說，詳見方豪〈研究國父來臺次數的經過〉一文，收在《傳記文學》第 7 卷第 6 期（1965 年 12 月）。

㈠光緒二十六年，孫中山來臺策劃惠州起義

　　孫中山在廣州第一次起義失敗以後，由於滿清追緝極為緊急，沒有辦法在國內停留，連香港政府也下令五年不准入境，因此亡命海外，往返於日本、檀香山、南洋、美、加等地，繼續鼓吹奔走革命。光緒二十六年（1900）英、美、法、德、義、日、奧八國聯軍攻陷北京，慈禧、光緒帝逃離北京，孫中山認為這是極為有利的局勢，便積極策劃第二次惠州起義，軍事方面由鄭士良指揮，自己則以臺北作為指揮中心，在臺北策劃指揮，等待有機會再潛渡內地，督師作戰。惠州起義所以選擇臺灣作為指揮中心，主要原因有三：

　　1.地緣上的方便，臺灣與大陸僅一水之隔，接濟與內渡都最為便捷。

　　2.當時日本內閣總理大臣山縣有朋和臺灣總督兒玉源太郎，對中國的革命都抱持支持的態度。

　　3.興中會臺灣分會已經在一八九七年設立，可以獲得臺灣同志的接應支援。

　　孫中山在這年（清光緒二十六年，西元1900年）九月抵達臺北，指揮部設在臺北新起町（今長沙街），並且與臺灣總督兒玉源太郎及民政長官後藤新平見面，二人應允援助。孫中山於是命鄭士良發動起義。起義之初，戰事頗為順利，未料，正當惠州義師連戰皆捷之時，整個局勢卻起了變化，日本內閣這時改組，新上任的內閣總理伊藤博文改變了外交政策，不准臺灣總督幫助中國革命黨，並且禁止武器出口，又加上先前援

助菲律賓獨立軍已訂購尚未啟運的一批軍械武器，竟遭受騙全係報廢的舊械，不堪使用，最後，鄭士良因餉械不繼，接濟無著，只得暫時解散革命軍，再圖後舉。孫中山也在這一年的十一月離開臺灣。而臺灣此役因為孫中山的到來，成為惠州革命的策源地，在國民革命史上記下了光輝的一頁。

㈡民國二年蒞臺，梅屋敷暫息

在民國二年（1913），袁世凱未經國會同意，擅自向五國銀行團大舉借債，並派人暗殺國民黨代理理事長宋教仁，孫中山此時知袁氏已無可藥救，乃力主聲罪討伐袁世凱，於是發起了二次革命。但是卻因為國民黨各部意見不一，步驟不齊，聲討行動拖延數月之久，以致袁氏從容準備妥當，將討袁軍一一擊破，二次革命竟告失敗。

二次革命之後，孫中山原本打算從上海出發前往廣東，繼續討袁的行動。他抵達福建之後，日本駐福州領事武官大佐多賀宗說明情勢極為危險，不宜赴粵，建議乘輪船先到臺灣，再轉赴日本從長計議，孫中山幾經考慮，衡量情勢，接納多賀宗的建議前來臺灣，他於八月到達臺灣，由淡水上岸，乘火車抵臺北，暫住在臺北御成町「梅屋敷」（在今中山北路國父史蹟紀念館），梅屋敷主人大和宗吉熱誠接待，孫中山曾手書「博愛」二字贈送給大和宗吉，另寫「同仁」二字贈送給他的宗弟藤井悟一郎。據藤井的回憶，孫中山來臺，隨行的有日人村田省藏及隨員胡漢民等陪同，全程臺灣總督府特地派了三個憲兵在梅屋敷門口警戒。他說：

記得午飯之時，先生以外有中國人二人，及村田省藏共四人，先生始終甚少言語，只溫和微笑，酒亦不多飲。當時旅行是微行，必有與臺灣總督府連絡，所以有三名護衛，私服憲兵三人，午飯之時在門外警戒。飯後先生說欲揮毫，而我兄大和宗吉即磨墨，其硯尚在，而筆卻不知下落。我在傍邊看其揮毫，其署名只寫孫文二字，有聽及是中國之偉人，卻不知是何種偉人，因為我有聽及孫逸仙先生是中國革命之領袖，不知孫逸仙先生就是孫文先生。當時我若知道其事，我必更加注意先生之舉動及傾聽，其言語亦不敢忘記。先生亦曾寓犬養毅氏邸，而今當主犬養健，若對其詳問先生在東京之時種種活動及生活情形，或能知多少亦未可定。先生所書之額二張，其中「同仁」一張，現在我秘藏在臺北，「博愛」一張由我兄珍藏在東京別宅，若二張俱在臺北，則更加有意義鎮，現不能往東京取來，又東京又不送來，實是遺憾之事。⑤

根據藤井悟一郎的敘述，當時中山先生之外尚有兩個中國人及日人村田省藏，一行總共四人，藤井又在文章中說明「梅屋敷」名稱的由來，「梅屋敷」最早是藤井悟一郎的父母在民國前十六年來臺灣時所建，最初是在表町一丁目開設「吾妻料

⑤ 見藤井悟一郎〈紀國父孫先生旅臺舊事──民國三十五年三月十二日〉，收在《國父孫先生與臺灣》（臺北：中國國民黨中央委員會黨史委員會，1989年），頁259-260。

梅屋敷

理店」，在民國前十二年時，他的父親由新竹州山移植來白梅古木兩百株，栽成一片梅林，並建築了一座小屋做為別莊，之後漸漸擴建，改成經營「吾妻別館」兼營料理業。後來「吾妻別館」因為遭到大洪水破壞，而停止營業，梅林也因為火車煤煙以及洪水的關係，大多已枯死，所以現在只留下「梅屋敷」的名稱而見不到梅林，這間經營了幾十年的料理店，一直到民國三十三年三月，日本政府下令廢止高級享樂之時，才又改為經營旅館。現在「梅屋敷」地址在中山北路，國民政府已經將它改設為「國父史蹟紀念館」，裏面有革命史蹟陳列廳，經常陳列與革命有關的史蹟資料，提供各地民眾參觀，這座紀念館正象徵著臺灣和孫中山的關係。孫中山這一次於上午抵達臺北，在梅屋敷午餐，飯後揮毫，下午前往基隆，於四時啟航離開臺灣。整個行程只有匆匆不到一天的時間。

　　關於孫中山民國二年（1913）來臺的次數，有一至三次多

種不同的說法，例如根據臺籍志士葉加車、周赤牛、杜大排的
敘述，孫中山在此年的三月也曾經來臺，他們三人都曾拜謁，
並加入同盟會。⑥另外，據楊心如、翁俊明等臺灣革命同志所
說，民國二年冬天孫中山也曾經來臺，並接見他們，談話之中
痛述袁世凱背叛民國的罪狀、討袁計畫及赴日任務。如此的
話，民國二年的三月、八月及冬天，孫中山至少曾經來臺三
次。

　㈢民國七年再度蒞臺，勾留一日

　　民國七年（1918），孫中山在廣東護法失敗，辭去護法軍
政府大元帥職務，離開廣東經汕頭，取道臺北赴日本。他原本
計劃在臺灣稍做停留，可以向臺灣同胞發表意見，宣傳主義。
然而臺灣總督府用盡方法阻撓，不使孫中山與臺灣同胞晤談。
孫中山一到臺灣，官府即派員到船中招待，並陪同直驅臺北，
次日便開船駛向神戶。根據當時隨同的戴季陶先生陳述：

　　　我們的總理抵達臺灣的時候，臺灣同胞非常高興，很想要
　　表示熱烈的歡迎，可是日本政府——臺灣總督府——拒絕
　　總理和臺灣民眾接近，所以總理計畫在臺北和我們親愛的
　　同胞見面，不但受了阻礙，總理一抵達臺灣，臺灣總督府
　　不許我們的總理逗留，用盡種種方法，要阻止總理上陸和

---

⑥ 參見《新生報・國父百年誕辰紀念特刊》（1965 年 11 月 12 日）。另
　參方豪〈研究國父來臺次數的經過〉，收在《傳記文學》第 7 卷第
　6 期，頁 56 。

臺灣同胞見面的機會，臺灣同胞雖然十二分誠意要歡迎總理，但受了日本政府阻撓，終於未能達成目的。臺灣的日本官憲派人到船中招待，並幫助我們隨時可以去日本。⑦

當時日本當局不讓孫中山停留太久，是為了避免革命思想在臺灣散播，而且擔心民族意識復甦，妨礙他們對臺灣的同化與統治。孫中山一生奔走革命，宣傳主義，對於陷在日本統治下的臺灣，當然是念記掛心，期望多與接觸並密切聯繫，這也是每一個中國人都做如此感受的。此次雖然因為日本政府的阻撓，沒能與臺灣志士接觸唔談，但孫中山對臺灣的關切之情始終未曾間斷，也一直鼓舞著臺灣同胞。

㈣民國十三年北上議和，停泊基隆港一夜

民國十三年（1924）十一月，直系軍隊在「第二次直、奉戰爭」中失敗，孫中山先生因為反直各系的邀請而啟程北上，打算商討解決國是，同時發表宣言，主張召開國民會議、廢除不平等條約，期望能藉此打破軍閥割據，謀求中國的統一，並且進一步消除列強的侵略，以求中國的自主獨立。然而當時臨時執政段祺瑞已經決定召開善後會議，邀請了軍閥、官僚參加，並答應尊重所有的不平等條約。孫中山獲悉深感憤慨，想以人格與國家民族大義感召，統一全國，故不顧危險北上議和，那時孫中山是五十九歲。北上途中經過臺灣，輪船在基隆

---

⑦ 引見戴季陶〈孫中山先生與臺灣——民國十六年在廣州中山大學對臺灣青年同胞講〉，收在《國父孫先生與臺灣》，頁263。

停泊了一夜，因為他深知日本政府殖民政策戒懼防備的居心，而且北方情勢危急，所以這次並沒有提出上岸的要求。

綜觀孫中山幾次來到臺灣的時刻，光緒二十六年（1900）是惠州起義策劃時期；民國二年（1913）值二次革命失敗之時；民國七年（1918），正當廣東護法失敗之後；民國十三年（1924），則為軍閥割據分裂、國事危急之時期，這幾次來到臺灣，可以說都是在革命面臨艱鉅考驗、國家情勢最為困頓危殆的階段，孫中山先生在這樣的時刻來到臺灣，尤其可以看出近代的臺灣在中國危急存亡之際，所居處的重要而微妙地位，同時也更令臺灣同胞體認到在現代中國所擔負的特殊使命。

四、臺灣志士與孫中山領導的辛亥革命

孫中山領導國民革命，屢仆屢起，百折不撓，一直到辛亥年（1911）連續發動三二九黃花崗之役與十月武昌之役，方才大功告成，推翻滿清，建立民國。在整個國民革命的過程中，臺灣的革命志士不僅在先前成立興中會、同盟會的臺灣分會，與中國革命相輔呼應，在辛亥年之起義行動中，更曾經出力出資，實際積極投身支援中國的革命運動。例如丘逢甲在汕頭設立嶺東同文學堂，同文學堂的畢業生許多均為革命黨人，其中姚雨平、鄒魯等即投身參與三二九之役，起義失敗後，丘逢甲正值擔任廣東諮議局議長，對於黨員同志均竭力加以維護。⑧另先前黃花崗之役籌劃時，臺灣方面也踴躍捐輸，但因為當時

是秘密籌劃，捐助的人大多不願宣揚，今就調查所知，如臺北林熊徵氏⑨即曾慷慨解囊捐助日幣五千元，支援籌措黨人前往起義地點的旅費及購買槍械所需。

又臺籍志士親身參加革命行動的，有臺南籍的許贊元與寄籍臺灣苗栗的羅福星。許贊元是著名愛國詩人許南英次子，也是名作家許地山的胞兄，參加黃花崗之役的時候才二十二歲，失敗後被清軍逮捕，後因清軍副將黃培松早年與其父許南英為舊交，方得倖免於難。羅福星⑩在西元1906年就已加入同盟會，黃花崗之役時遠從南洋趕回參與赴會，在進攻廣東督署時，不幸左手受傷，他與黃興、胡漢民往來密切，甚為友好，武昌起義時更率領一支在南洋募集的義軍兩千人，回國效命。

當十月十日武昌首義的消息傳到臺灣之後，在日本統治下的臺灣同胞都引領西望，大為振奮，十月十九日即有澎湖漁民章吉輔率先駕舟突破日軍偵伺，渡海投效革命，其後投效者接連不斷。臺灣志士先後投入福建駐軍孫道仁的麾下，後來共同協助光復了福建省。除此之外，出身臺中望族霧峰林家的林祖

---

⑧ 如當時清廷巡警道王秉欲查辦宣揚革命之同志鄒魯，因丘逢甲之庇護而免難。

⑨ 林熊徵（1888-1948），字薇閣，世居臺北，致力於中國革命，曾與管家蔡法平參與林森在滬之「福建學生會」，並捐獻日幣五千元，供林文、林覺民等福建同志參加三二九廣州之役，為臺灣同胞捐助革命經費之實例。

⑩ 羅福星（1884-1914），字東亞，號國權，祖籍廣東鎮平。1903年隨祖父來臺，定居苗栗。1906年參加同盟會，並曾參加辛亥起義，黃花崗之役重傷獲救，又力助武昌革命，成功後又組黨抗日，領導數十次起義，於民國三年犧牲成仁。

　　密志士，也曾經躬親參與辛亥之役。其實臺灣人士參加革命的
人，絕不止以上所述而已，因為自從清光緒二十一年（1895）
臺灣割讓給日本之後，許多臺灣人民內渡大陸，恢復原來的福
建、廣東等祖籍，他們參加革命時，大多稱為閩人、粵人，以
至於在國民革命的紀錄上，有關臺籍人士的資料看起來有限。

　　連雅堂（1878-1936）著作《臺灣通史》，他是一位熱愛臺
灣的民族史學家，辛亥革命成功，清帝溥儀宣佈退位時，連雅
堂曾經以臺灣移民的身份，親自祭告延平郡王鄭成功，從他所
寫的祭文，可以看出他的衷心鼓舞之情，《雅堂文集·告延平
郡王文》曰：

　　　中華光復之年壬子春二月十二日，臺灣遺民連橫誠惶誠
　　恐，頓首載拜，敢昭告於延平郡王之神曰：於戲！滿人猾
　　夏，禹域淪亡，落日荒濤，哭望天末，而王獨保正朔於東
　　都，以與滿人拮抗，傳二十有二年而始滅。滅之後二百二
　　十有八年，而我中華民族乃逐滿人而建民國。此雖革命諸
　　士斷脰流血，前趴後繼，克以告成，而我王在天之靈，潛
　　輔默相，故能振天聲於大漢也！夫春秋之義，九世猶仇；
　　楚國之殘，三戶可復。今者，虜酋去位，南北共和，天命
　　維新，發皇蹈厲，維王有靈，其左右之！⑪

----

⑪ 連雅堂：〈告延平郡王文〉，收入《雅堂文集》（臺北：臺灣銀行
　經濟研究室，1964年12月，《臺灣文獻叢刊》第208種），第1
　冊，頁115。

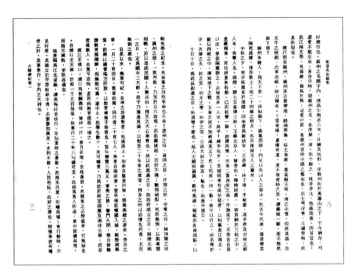

連雅堂《大陸游記》中關於雙十節的記載

祭文內容洋溢忠義奮發之氣，可說是一篇不朽的文獻。文章中說「我中華民族乃逐滿人而建民國」、「虜酋去位，南北共和，天命維新，發皇踵屬，維王有靈，其左右之」，在在表露他熱愛民族的情操與為民國祝禱祈福的心願。另外，連雅堂對革命史蹟的推崇之情，從他在上海參加第一個國慶日的敘述，可充分得知：

十月十日，為武昌起義之日，所謂雙十節也。滬人士鋪張揚屬，歡呼萬歲。報紙亦各致頌辭，以祝光榮之紀念。夫吾黨之鼓吹革命也久矣！惠州之役、黃岡之役、萍鄉之役、安慶之役、鎮南關之役；廣州之役，一敗再敗，乃至於五六敗焉。而前蹶後起，百折不撓；斷頭絕脰，死而無

悔，以與專制相戰，於以造成民國。人樂共和，則天之大
右華胄也。故以此起義之日，與政府成立之日，與南北統
一之日，定為國中三大節。而予乃獲逢其盛，以慰吾二十
年來之冀望，則吾之所以追懷先烈者，尤有無窮之感也。
⑫

從文章中「夫吾黨之鼓吹革命也久矣」、「以慰吾二十年來之
冀望，則吾之所以追懷先烈者，尤得無窮之感也」之句，連橫
以黨人自居，充分表現出他的欣慰之情。此外，連雅堂也非常
重視三民主義，認為這是「新中國建設之大經」，他在民國十
八年一月一日出刊的《臺灣民報》上曾發表看法，說：

中山知革命之事，非僅可恃革命黨也，當為全民運動。於
是設學會、刊書報、事講演，極力宣傳三民主義，而農而
工而商而兵，莫不深明其理，前呼後應，億兆一心。順乎
北伐告成，障礙已棄，而三民主義遂為新中國建設之大
經。此則思想統一之效也。中山雖死，精神尚存，三民主
義之運用進行，當有蓬蓬勃勃之氣象矣。

他認為「三民主義之運用進行，當有蓬蓬勃勃之氣象」，並且
希望三民主義能在臺灣也發生影響力，在連橫哀悼蔣渭水逝世
的詩中，曾寫了「中山主義誰能繼？北望神州一愴神」感傷的

⑫ 連雅堂：《大陸游記》，收入《雅堂先生餘集》（臺北：撰者出
版，1974年1月），頁30-31。

詩句,足以見出他對孫中山主義的看重與寄望。孫中山領導的
辛亥革命,獲得無數臺灣志士的竭誠參與,而臺灣人士也都對
孫中山的主義思想,寄予無限的支持與厚望,這種種都在革命
建國的史頁中,寫下了輝煌燦爛、令人驕傲的一頁。

五、孫中山對臺灣抗日運動的影響

　　辛亥革命成功之後,中國脫離了滿清異族的專制統治,這
對於處在日本統治之下的臺灣而言,無異是一大激勵。從此之
後,臺灣志士的革命目標,就進一步放在推翻日本的統治上,
從民國元年之後,臺灣接連發生了無數次的抗日起義事件。例
如:民國元年三月劉乾的林杞埔事件、六月黃朝的土庫事件、
九月陳阿榮舉義南投事件;民國二年三月羅福星的苗栗抗日事
件、四月張火爐、七月李阿齊與十二月賴來、詹墩等舉義東勢
角事件;民國三年羅阿頭的嘉義事件;以及民國四年余清芳、
江定、羅俊的西來庵事件、七月楊臨新莊舉義等等,從民國元
年到四年短短的三、四年之間,就發生了不下十次抗日起義事
件,這些都可說是感受到辛亥革命運動成功的激勵與影響,而
志士們前仆後繼的表現,尤其傳承了國民革命一貫以來犧牲奮
鬥的精神,深深值得尊敬。以下舉出最為人熟知的羅福興志士
所領導的抗日運動,說明孫中山對臺灣抗日運動影響之一斑。
　　羅福星(1884-1914),字東亞,號國權,廣東鎮平縣人。
原本是印尼華僑,在光緒二十九年(1903)跟隨祖父來到臺
灣,居住在苗栗,因為痛恨日本人的苛政,於光緒三十二年

（1906）返回廣東，就在這段時間加入了同盟會，與胡漢民、趙聲、林時爽及華僑革命志士密切來往。羅福星曾經參加黃花岡三二九之役，傷重脫難。同一年武昌起義時，羅福星在海外募集民兵二千多人，趕回國內加入革命。在國民革命成功之後，又奉孫中山的命令，來到臺灣發展組織，目的在推動抗日運動，從事光復臺灣的任務。他於民國元年十月十三日二度抵臺，以苗栗為中心，並選擇臺北、臺南、彰化、桃園、基隆、宜蘭為據點，逐漸擴展分部於各地，才不到一年的時間，已經有黨員十萬多人。他在民國二年的時候，計劃發動大規模的起義行動，但是因為人員眾多，牽一髮而動全身，日本新竹廳接獲了密告，加以接著有日警武器失竊案發生，於是日方大肆搜捕，羅福星在民國二年十二月不幸在淡水被捕獲，他所領導的抗日行動遂告失敗，而於民國三年三月三日從容就義，當時年齡僅三十一歲。羅福星的〈手記〉中，曾經自述對孫中山的景仰與革命的信心，他說：「近年偉人孫逸仙君，嘗如許之辛酸，倡民族主義已有十有八年。事業均係若不失敗，則不成功。失敗則意志更堅固，能耐能忍，必有成功之一日也。」[13]從這段話之中，明白看出他認同及堅持國民革命的信念。羅福星志士在被處決死刑之前，曾寫作一首〈祝我民國詞〉，內容是：

中土如斯更富強，華封共祝著邊疆。

---

[13] 莊金德、賀嗣章編譯：《羅福星抗日革命案全檔》（臺北：臺灣省文獻委員會，1965 年），頁 38。

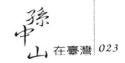

民情四海皆兄弟，國本苞桑氣運昌。

孫真國手著光唐，逸樂丰神久旣章，

仙客早貶靈妙藥，救人於病身相當。⑭

每一句的首字嵌進「中」、「華」、「民」、「國」、「孫」、「逸」、「仙」、「救」各字，清楚可見他信奉遵從孫中山的革命救國主張，實發人深省，令人感佩。羅福星又寫作〈死罪紀念歌〉，內容是：

獨立彩色漢旗黃，小萬橫磨劍吐光。

齊唱從軍新樂府，戰雲開處陣堂堂。

海外煙氛突一島，吾民今日賦同仇。

犧牲血肉尋常事，莫怕生平愛自由。

槍在右肩刀在腰，軍書傳檄不崇朝。

爺娘妻子走相送，笑把兵事行解嘲。

背鄉離井赴瀛山，掃穴東庭指顧間。

世界腥羶應滌盡，男兒不識大刀還。

彈丸如雨砲如雷，喇叭聲聲鼓戰催。

大好頭顱誰取去，何須馬革裹尸回。

勇士飛揚唱大風，黔首皆厭我獨雄。

三百萬民齊憤力，投鞭短吐氣如虹。

青年尚武憤精神，睥睨東天肯讓人。

---

⑭ 同註⑩。

三州區區原小弱，莫怕日本大和魂。

軍樂悠揚裂喚鵝，天風情長感慨多。

男兒開口從軍樂，且唱臺疆報我仇。

東來客族雷我原，驅逐夷蠻我國尊。

白種更傳黃禍身，何雖今日此爭存。⑮

歌詞有九節，每節四句，第一節盛讚辛亥革命風起雲湧，百戰
成功的氣象；第二段揭出臺灣同胞同仇敵愾，誓死追求自由的
決心；三至六節描述志士英勇赴命，士氣如虹；七節述說以寡
搏強，不畏日寇；第八節寫雖然功敗垂成，仍不放棄復臺報仇
之初衷；末段宣示驅逐蠻夷，發揚民族精神，雖死留名，成功
留待後人。誦讀整首歌詞，令人深感其人氣魄豪雄、抱負壯
偉，充滿至大至剛的凜然民族正氣。歌詞中「海外煙氛突一
島，吾民今日賦同仇」、「犧牲血肉尋常事，莫怕生平愛自
由」、「三州區區原小弱，莫怕日本大和魂」、「且唱臺疆報我
仇」、「驅逐夷蠻我國尊」各句中，處處表現他光復臺灣，積
極策動抗日，務使臺灣重回祖國懷抱的民族精神與愛家愛國之
理念。

　　繼羅福星之後，臺灣的抗日事件不曾停止，當時日本「臺
灣總督府法務部」所編的《臺灣匪亂小史》一書中也不得不承
認說：「時明治四十四年十月，在清國南部一角發難之革命烽
火，忽掩蓋四百餘州，滿朝三百餘年之帝業，可憐覆滅於一

---

⑮ 同註⑩。

日，中華民國五色旗，謂是世界思潮之魁，而革命大業，著著
就緒。民國基礎一奠定，我臺灣之民情，漸呈動搖。……臺民
看此成功，因而心中密有策劃者，其亦萬不可如何之情勢
乎？」⑯足見孫中山思想的傳播與辛亥革命的成功，給予臺灣
同胞極大的激勵與鼓舞，這些其實也是早就在日本人意料之中
的。

　　羅福星苗栗革命事件結束之後兩、三個月，又有民國三年
羅阿頭的嘉義事件，參與者有百餘人；接著又有民國四年余清
芳、江定、羅俊之西來庵事件，波及的有千餘人之多，這些都
是受到辛亥革命的激勵影響，所發動的一連串壯烈的抗日事
件。

　　除了武裝起義抗日之外，後來臺灣人士轉而從事政治運動
來提高臺人地位，也一直受到孫中山的影響。像蔣渭水在辛亥
革命的時候，當時正就讀臺北醫校，他加入同盟會，並曾發起
暗殺袁世凱計畫與國民捐獻運動，後來蔣渭水在民國十六年設
立「臺灣民眾黨」從事改革，一方面從事政治運動以提高臺人
的地位，另方面則不斷宣傳三民主義，其「臺灣民眾黨」的組
織與綱領，大多仿效中國國民黨，而且黨旗的設計也與中華民
國國旗相似，他所領導的「臺灣工友總聯盟」、「華僑總工會」
等組織，都是以孫中山的思想做為信念背景。民國十八年六月
孫中山先生奉安於南京紫金山時，「臺灣民眾黨」曾經派代表
王鍾麟等前往參加祭典，該黨的政綱、政策也於民國十八年十

⑯ 臺灣總督府法務部編：《臺灣匪亂小史》（臺南：臺南新報支局，
　大正九年），頁50。

二月二十一日刊登在廣州《國民日報》上，深獲國內外各界肯定與贊佩。從這些事實，都明白地顯示出蔣渭水先生宣傳及實踐孫中山思想的決心。

六、臺灣同胞哀悼孫中山先生

孫中山先生在民國十四年三月十二日因為罹患肝癌去世，噩耗傳出，震驚全國。臺灣人民仍在日本人的統治之下，聽到這個消息，更感到格外悲痛，這一年正是臺灣割讓給日本屆滿三十周年（1895-1925），臺灣同胞頓覺失去精神領袖，心中都感到憂憤交集，當時就讀北京大學的臺灣青年學生，用「北大臺灣學生會」的名義致送了一副哀悼的輓聯，輓聯的內容是：

三百萬臺灣剛醒同胞，微先生何人領導？
四十年祖國未竟事業，舍我輩其誰分擔？

對聯中以孫中山先生為民族之導師，矢志追隨，情見乎辭；在悲憤之中，也都自我期許繼承孫中山先生四十年來未完成的革命事業，表現出繼往開來的擔當與抱負。民國十四年三月二十四日下午七時，臺北舉行追悼大會，當天大雨滂沱，但是到會的人數仍有幾千人之多，入會者佩戴一黑布條，態度肅穆哀戚，日本政府從之前就多方阻撓，最後規定追悼會不准朗讀弔詞，禁止唱弔歌，也不許演說，僅准向遺像行禮，並報告孫中山先生一生行誼，然而追悼會場內從頭到尾無一人退場，會場

外的群眾冒雨鵠立,直至散場,此可見臺灣人對孫中山先生的熱誠。黃季陸先生曾寫了〈國父逝世前後〉一文,詳述當時的情景:

> 臺灣同胞聽到總理逝世後,無不暗暗地灑淚,但他們在日人的統治下,又不敢哭出聲來。臺灣的民眾團體有志社籌備了一個追悼會,訂於三月二十四日晚間七時在臺北文化講座舉行,文化講座的地點在今日臺北市的貴德街,靠近第九、十號水門一帶,是夜大雨傾盆,街道十分泥濘,到會無比踴躍,但會場只能容納三千人,在開會半小時以前即告滿座,遲到的人只得在場外敬禮默哀而去。大會從晚七時至深夜十時無一人中途退場者。臺灣同胞舉行的這一追悼會,真是得來匪易,因為當時日本人是反對臺灣同胞追悼總理的。在開會的前一天,就傳有志社的幹事到警察署去訊問,命令他們把已經擬好的一份悼歌作廢,不准在會場歌唱,又不准朗讀弔詞,亦不准演講,控制刁難,無所不用其極。而臺灣的同胞卻仍在日人的高壓下,在暗夜的風雨中舉行了一個盛大壯烈的追悼會,是怎樣的難能可貴啊![17]

臺灣同胞在日本統治種種壓抑之下,仍懷著沉痛的悲傷心情,舉行了這場追悼會,的確是深具意義,極為難能可貴且令人感

---

[17] 轉引自《國父孫先生與臺灣》,頁297-298。

動。至於當時被禁讀的弔詞，則是由張我軍先生所執筆，張我軍先生是本省學人張光直博士的父親。這篇弔詞當時雖然被日本警察署禁讀了，但卻很快地傳到全國，弔詞之中，令人充分感受到臺灣同胞熱愛國家民族、嚮往自由、崇敬孫中山先生的心聲，這同時也是一篇臺灣同胞敬愛追念孫中山的重要文獻，謹恭錄這篇弔詞於下，或可讓我們更真切地體會到當時臺灣同胞的心情與處境：

〈孫中山先生弔詞〉／張我軍

唉！

大星一墜，東亞的天地忽然暗淡無光了！

我們敬愛的大偉人呀！

你在三月十二日上午九時三十分這時刻

　　已和我們永別了麼？

四萬萬的國民此刻為了你的死日哭喪了臉了。

消息傳來我島人五內俱崩，

　　如失了魂魄一樣。

西望中原禁不住淚落滔滔了。

先生！

你在西紀一八六六年，帶著你

　　超群的天才，

　　滿身的愛國家愛人類的精神，

　　革命思想和實行的毅力，

　　深入我人類之伍以來，

前後六十年了。

你年纔入冠，便委身於救國運動和革命事業，

你在四十年的中間，

　始終用了你的萬撓不屈的毅力，

　你的表示始終一貫的精神，

　來實行你千秋不易的主義。

那專制橫蠻的滿清朝廷的迫害，

那無惡不為的軍閥的壓迫，

那野心勃勃的外國帝國主義的嫉視，

終不能奈何先生！

你的精神，你的理想，

雖未十分實現，

但是，你的毅力意氣，

已推翻滿清，建造了民國，

　嚇壞了無恥的軍閥，

　和殘酷的外國帝國主義，

　喚醒了四萬萬沉睡的人們了。

可是啊！

三民主義還未實現，

中國的革命還未成功，

大亞細亞聯盟還未實現，

前途正乏導師之時，

你殘忍刻薄的死神，

你竟把這位千古不獲的導師，

奪到死的國度去了！唉！

中國的同胞喲！

你們要堅守這位已不在了的導師的遺訓：

　革命還未成功，

　同志尚須努力哪！

先生的肉體雖和我們長別了，然而

　先生的精神，

　先生的主義，

　是必永遠留著在人類的心目中活現。

先生的事業，

　是必永遠留著在世界上燦爛！

　　弔詞中表達了對偉人無盡的哀思與不捨，追敘孫中山一生救國救民的革命事業，並且勉勵所有的中國同胞，一起堅守中山先生「革命還未成功，同志尚須努力」的遺訓！無限的悲痛與深自期許之情充分流露。那天到會的人士，除了「有志社」外，還有「臺北青年讀書會」、「臺北無產青年會」、「臺灣文運革新會」……等許多團體。

　　當時臺灣獨家的漢文日報，也是臺灣同胞唯一喉舌的《臺灣民報》，尊稱孫中山先生為「國民之父」、「弱小民族嚮導者」，在中山先生臥病至逝世期間，都以充滿關切的標題陸續報導相關消息，如民國十四年四月一日便以〈哭望天涯弔偉人〉做標題為文致敬，並接連報導「各界追悼　孫先生」、「中華民國紀念　孫先生大會」，以及臺灣各地舉行追悼會的新聞，

傳記文學 第六卷 第三期　　　　　　　陸季賀：國父逝世前後

函，以結束本文。

※

咦！

大風一陣，真是的天地忽然暗淡無光呀！

我們敬愛的大偉人呀！

你在三月十二日上午九時三十分違時刻

已和我們永別了麼？

四萬萬的國民此刻為了你的死日哭喪了臉了

消息傳來我們人五內俱焚，

如失了魂魄一樣。

※

先生！

你在西紀一八六六年，帶寵你

超群的天才，

革命的愛國家愛人類的精神，

降身的愛國家愛人類的殺力，

深入我人類之五以來，

你年輕未冠，便奮身於救國運動和革命事業，

始終四十年的中間，

革命制度觀和貨行的殺力，

來實行你一貫的精神，

你的表示始終千移不易的主義，

那軍制原被的滿清朝廷的追害，

那熱心勞何的滿清朝廷的追害，

和殘酷的外閣帝國主義的侵視，

始終不為那帝國主義的侵視，

終於蔡何先生。

※

可是阿！

雖未十分實現，

但是，你的努力意氣，

已摧破滿清，建造了民國，

喚起三萬民族的望閣，

和殘酷的外閣帝國主義，

燒醒了四萬萬沈睡酣的人們了。

※

三民主義還未實現，

中國的革命還未成功，

逝世的消息由遠廣州時向傳來，我同懷到四十年前
的悲形，我記得當時在北方的北京大
學教授們出版了一個刊物名現代評論，廣東大
學的教授們出版了一個專刊社會科學
為中山先生的逝世出版一個專號，
專號中有周作人的「中山先生事略」一文是我執筆的，
中山思想概觀」一文是周作人寫的，「三民主義」
一文是曾四勿寫的，「五權主義」一文是對汝寬先生
寫的，民生主義」一文是對汝寬先生寫的，其餘
當時我已不能記憶了。「中山先生事略」
一文曾是曾四勿寫的，

※

執筆至此，我同懷到四十年前撰的
中山先生事略」一文，便決心要好好
為中山先生的逝世出版一個專號，
專號中有周作人的「中山先生事略」
一文是我執筆的，「中山思想概觀」
一文是周作人寫的，「三民主義」
一文是曾四勿寫的，當時執筆寫文章的人現在，其餘
見他殁逝蘇聯「新經濟政策很好」而已。他死後

大匹輒輒輒輒朝醫藥未實現，
訛途正之怨解之神，
你臟影刻劃著的死神，
你竟把這位千古不滅的國度，
直到死的國度去了！咦！

※

中國的同胞阿！

你們要堅守退位已不在了的導師的遺訓！

革命尚須努力阿！

先生的主義，

必永遠留著在人類的心目中活現。

先生的主義，

先生的事業，

是必永遠留著在人類的心目中活現。然而

※

敬，真歲很大。至於我死，�四十年，一無
所成，每常廊立於中山先生遺像之前，百感交集
漸愧無似！我今後能擺脫俗務專心致力於中
山先生思想之研究與闡揚，藉以自拔並以補過嗎？

※

位盧縣人白眉初，原是永平中學地理教員，我
到北大時，周初已在北京高師（後改為師大）任
地質教授，為研究工作鋪路，且開始在北京大學
程學方面，已開始走向研究方向；這樣是一個
進步的中國學者，致力於中國的愛國運
北平大學區時代，教育部受到快復正常，然後
京國立八校區時代，原來各京的原是各合而不合
珂，北平大學區時代，大學區制撤消後，國
立北平大學又分為北大、師大、平大與北洋四個
大學，是又白合而分了。源是三十年間北方國立
高等教育機關分合的經過情形。

※

本文所記是樂莘縣人，我是昌黎縣人。還有一
位盧縣人白眉初，原是永平中學地理教員，我
到北大時，周初已在北京高師（後改為師大）任
地質教授，為研究工作鋪路，且開始在北京大學
程學方面，已開始走向研究方向；這樣是一個
進步的中國學者，致力於中國的愛國運
情形。我初到北大在民國七年所可同懷的悲慘
向我們宣傳過蘇聯「新經濟政策很好」而已。他死後

（上接第三○頁）

民國五十三年十二月二十三日草於紐約。

張我軍孫中山先生弔詞

一面也刊出充滿敬意的文章。此後每年的三月十二日，亦即孫
中山先生逝世的那一天，臺灣各地的愛國同胞都舉行紀念會，
雖然後來被日本當局禁阻，但是中山先生的精神卻是永遠深植
在國人的心中。

七、光復臺灣是孫中山先生的宿願

　　孫中山先生從事國民革命的目標，一是推翻滿清，建立民
國；二是打倒列強，收復失土。其目標本即與臺灣的前途密切
相關，最初就因為滿清把臺灣割讓給日本，而提早領導革命起
義，在馬關條約簽訂、臺灣割讓的同一年（清光緒二十一年，
西元 1895 年），發動第一次廣州起義，之後第二次惠州起義
（光緒二十六年，西元 1900 年），則親身履臺，以臺北作為起
義策源指揮中心。孫中山之領導國民革命，自始至終都對臺灣
特別寄予關心。根據戴季陶先生的表示：「總理逝世前，我在
北京侍疾，總理談及了和日本有關的二三重要事項，總理說：
我們對日本應該主張的問題，最少限度有三項，一是廢除日本
和中國所締結的一切不平等條約，二是使臺灣和高麗最低限度
獲得自治，三是日本不得阻止蘇聯和臺灣、高麗的接觸。這是
我們對日最低限度的主張。由這件事，我們可以了解總理雖然
在病中，還在愛護臺灣的同志和臺灣同胞的革命。在臺灣的革
命運動，我們應採取的第一目標，是設置議會及自治政府，這
是總理病中對我說的話，並希望中國完全獨立。」⑱孫中山畢
生致力於「驅逐韃虜、恢復中華、建立民國」的救國救民宗

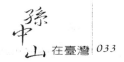

旨,光復臺灣即包含在其中,這是每一個中國人共同的信念與心願,是毋庸置疑的。

〈國父遺囑〉中說:「革命尚未成功,同志仍須努力。」光復臺灣就是其中之一,早在民國二十七年臺灣尚未收復時,蔣中正先生就已經明白宣示要光復臺灣,鞏固中華民國國防,他說:

> 我在民國廿七年四月一日,在國民黨臨時全國代表大會中,曾經明白的宣布:臺灣是我們中國的領土,在地勢上,乃是我們中國安危存亡所屬的生命線。中國要講究真正的國防,要維護東亞永久的和平,絕對不能讓我們的臺灣永久統治在日本帝國主義的手中。為要達成我們國民革命,遏止野心國家,擾亂東亞之企圖,必須針對著日本帝國主義積極的陰謀,以解救臺灣人民為我們的職志。這是總理生前所常對我個人以及一般同志訓示的。總理的意思,就是我們必須使臺灣的同胞,在政治上、經濟上能夠恢復平等自由,使臺灣同胞能夠恢復國家主人翁的地位,纔能夠鞏固中華民國的國防,奠定東亞和平的基礎。(19)

光復臺灣是國民革命「恢復中華」的目標之一,收復臺灣不但是孫中山的宿願,更是每一個中國人衷心的願望,推溯八

---

(18) 見《國父孫先生與臺灣》,頁263-264。
(19) 引見民國三十五年臺灣第一屆光復節訓辭。

年對日抗戰期間，臺灣同胞紛紛響應，回國參戰，民國二十九年曾公推翁俊明同志前往重慶，建議最高當局收復臺灣，中央當時即派翁俊明籌備臺灣黨部。在抗戰第四年，國民政府對日本聲明——廢除馬關條約，臺灣、澎湖在法律上重為我中華民國的領土。民國三十二年十一月，蔣中正主席與美國總統羅斯福、英國首相邱吉爾舉行開羅會議，再度申明我國收回臺灣的決心；民國三十四年又與美國、英國發表波茨坦宣言，從此臺灣、澎湖應歸還中華民國，被世界所共同公認。經過八年艱苦的抗戰，日本戰敗，宣佈無條件投降，臺灣、澎湖歷經半世紀的淪陷，終於遵循孫中山的遺教，隨著抗戰的勝利而重回到中國的懷抱。

八、臺灣是實行三民主義的模範省

抗戰勝利之後，原本是全國建設三民主義新中國的大好時機，但是日本帝國主義消滅了，蘇俄帝國主義卻又代之繼起，共產主義在中國蔓延擴張，大陸軍事情況迅速惡化，民國三十八年中國共產黨在北平成立中共政權，國民政府乃在民國三十八年十二月七日遷設臺北。國民政府遷臺後，全力以國父遺教與三民主義為藍圖，致力於建設臺灣，將臺灣省建設為實踐三民主義的模範省。如今，臺灣是中國唯一享有三民主義建設成果的地區，在全體國民的努力下，無論政治、經濟、社會、及教育文化各方面，都有著顯著的成果。

首先在政治方面力行民主憲政，一面充實中央民意機構，

一面實施地方自治。除總統由全體公民直接選舉外,從省級至各縣、市、鄉、鎮的各級民意代表,以及縣、市以下各級首長,都是由人民以自由、平等、公正的選舉方式產生出來,切實地做到了主權在民,奠定了民主政治良好的基礎。

在經濟上,從民國三十八年實施三七五減租和公地放領政策,四十二年頒行耕者有其田,以貫徹孫中山先生平均地權的遺教,由於土地改革的成功,促進了臺灣農業的生產,並且大幅改善農民的生活。接著又實施都市平均地權、扶植工商業、全民健康保險等等政策,使臺灣的經濟發達繁榮,民生安定均足,而臺灣國民所得業已在民國八十二年突破一萬美元,邁向已開發國家之林,躋身亞洲四小龍之列。[20]

在教育與文化方面,臺灣光復之後,國民政府即致力於教育的普及推展,國小就學率已接近百分之百,大專院效亦增至一百多所,教育發展極為快速,國民知識水準大幅提高,為高度工業的發展和健全的民主政治奠定了穩固的基礎。

中華民國遵行國父遺教,在臺灣致力於民族、民權、民生建設,五十年來已經有卓著的成績,使臺灣省成為實行三民主義的模範省,人民都過著自由、民主、富足的生活,真正達到了民有、民治、民享的理想,如果中山先生地下有知,得見臺灣光復,而且臺灣同胞生活在富足安樂的三民主義建設之下,當亦會為臺灣同胞感到稱幸高興。

---

[20] 美國版《讀者文摘》刊載了主編利德訪問中華民國、香港、韓國、新加坡後,稱之為「亞洲經濟四小龍」。

九、「養浩然正氣，讀有用書」
——孫科先生在臺灣

孫中山與元配盧夫人㉑共育有一子二女，獨生子孫科（1891-1973），字哲生，為美國加州大學畢業，哥倫比亞大學碩士，專攻政治經濟。國民政府時期曾經擔任廣州市長、交通部長、行政院長、國民政府副主席……等要職，於民國三十八年三月辭去行政院長職務後，先後寄居香港、法國、美國各地，在民國五十四年，也就是中山先生百歲誕辰的那一年，自美國攜眷返回臺灣，從此在臺灣定居，受聘擔任總統府資政，居住在陽明山第一賓館。㉒民國五十五年九月接任考試院長，任職七年多，在民國六十二年九月十三日下午，因心室性顫動症復發不治，病逝於臺北榮民醫院。

孫科照片

孫科先生幼年讀了許多中國典籍，後來又接受西方教育，可以說學貫中西，一生重要的著作有《中國的前途》、《憲政要義》、《抗戰

㉑ 孫中山元配盧慕貞夫人（1867-1952），於 1884 年 5 月 26 日與先生結婚。中山先生奔走革命，盧夫人勤謹持家，賢勞備至。

㉒ 陽明山第一賓館，位在臺北市北投區，即在中山樓正面右側。

七講》、《三民主義新中國》、《孫科文集》……等等,孫科一
生酷好讀書,雖然身處政壇,卻一直以一派純然書生本色從
政,在他八十歲壽辰時,易君左教授、馬超俊先生曾寫詩文致
賀,從這些詩文中或可略窺孫科先生為人治學之風貌。易君左
教授祝賀孫科先生八秩榮壽之詩為:

> 父道汪洋匯百川,趨庭尊訓得真傳;
> 治心治學資師法,求用求知養浩然。
> 八十高齡如赤子,三千世界擁名銜;
> 中山陵下蕭齋在,應有鐃歌共凱旋。㉓

詩辭之中,前二句讚佩孫科先生家學淵源,得孫中山先生之真
傳;其次敘述其一生用心治學、修養心性,學養兼備,並一心
期能學以致用;詩之後半稱美其人雖然擁有眾多名銜,但最足
貴者是八十高齡仍持有赤子之心,其人風範當可與其先人共留
美名令譽於後世。另外,他的好友馬超俊先生也寫了一篇賀
詞,其中一段寫道:

> 哲生先生生平,祇見大事,為黨為國,無不殫精竭慮,傾
> 心以赴,而從不計較他人加諸的謗譽,平素寡言,從不講
> 一句私話,儼然如 國父的汪洋大量。但相與論及一項問
> 題,觸及他的談鋒,則又徵引古今中外的理論與事例,滔

㉓ 引見莊政《孫中山家屬與民國關係》(臺北:正中書局,1989
年),頁201。

滔不絕，諄諄不倦。他非常好學，手不釋卷，涉獵中外典籍，廣大賅博。他自十六歲起，一面就學，一面在檀島、舊金山等地的革命報刊中，兼事編譯，學雜各費，都賴華僑親友支助，是苦讀學生。茹涵數十年來，學術精湛，識見高遠，所以在言談之中，珠璣時吐，機鋒時見。㉔

從這段文字的描述，足以見出其人簡樸寬容、好學質直的風貌，確是書生從政的典型。孫科先生的夫人為陳淑英女士，曾在民國三十六年當選國大代表，育有二男二女，長子治平，畢業於上海聖約翰大學，次子治強，畢業於南京金陵大學，其後皆赴美國加州大學深造，均曾獲政治經濟碩士學位，二人皆從商，無意仕途；長女穗英，畢業於美國衛里斯萊大學，次女穗華，畢業於美國史密斯大學，孫中山先生的後裔大多數居住在臺灣㉕，但他們過著寧靜平淡的生活，從不炫耀自己的身世背景，縱使家有喜慶之事，也不喜張揚，一如中山先生之淡泊平實，令人敬重。

參考書目

國父之大學時代　羅香林著　臺北　臺灣商務印書館　1954年10月增訂臺一版

㉔ 同前註，頁202。
㉕ 參見莊政〈國父家屬考源〉，《中央日報》第11版，1979年11月13日。

革命逸史　馮自由著　臺北　臺灣商務印書館　1965 年 10 月
　臺一版

國父革命逸史　黃光學編著　臺北　臺灣商務印書館　1965
　年 11 月臺初版

我怎樣認識國父孫先生　王雲五等著　臺北　傳記文學出版社
　1965 年 11 月

國父百年誕辰紀念論文專輯　曾祥鐸編輯　臺北　國立臺灣大
　學學生紀念國父百年誕辰出版委員會　1965 年 11 月

國父孫中山傳　傅啟學編著　臺北　中華民國各界紀念國父百
　年誕辰籌備委員會　1965 年 11 月

孫中山先生傳　胡去非編　臺北　臺灣商務印書館　1968 年
　10 月臺二版

國父全傳　陳健夫編著　臺北　自由太平洋文化事業公司
　1969 年 5 月再版

孫科文集　孫科著　臺北　臺灣商務印書館　1970 年 9 月

國民革命運動與臺灣　謝東閔等著　臺北　中央文物供應社
　1970 年 5 月

國民革命與臺灣光復的歷史淵源　臺北　幼獅文化事業公司
　1971 年 6 月

研究中山先生的史料與史學　黃季陸等著　臺北　中華民國史
　料研究中心　1975 年 11 月

三民主義與臺灣建設　谷瑞照著　臺北　正中書局　1976 年 3
　月臺初版

臺灣通史　連橫著　臺北　幼獅文化事業公司　1977 年 1 月

國民革命與臺灣　秦孝儀主編　臺北　近代中國出版社　1980
　　年10月

孫中山先生與辛亥革命　黃季陸等著　臺北　中華民國史料研
　　究中心　1981年12月

星馬華人與辛亥革命　顏清湟著　臺北　聯經出版事業公司
　　1982年5月

孫逸仙先生傳　吳相湘編著　臺北　遠東圖書公司　1984年3
　　月增編版

民初國父兩次改組國民黨之意義評析　劉以城著　臺北　幼獅
　　文化事業公司　1985年6月

臺灣歷史百講　馮作民著　臺北　青文出版社　1985年10月
　　六版

中山學術論集　蔣一安主編　臺北　正中書局　1986年11月

日據初期臺灣地區武裝抗日運動之研究　柯惠珠著　高雄　前
　　程出版社　1987年4月

孫中山家屬與民國關係　莊政著　臺北　正中書局　1989年6
　　月臺初版

孫中山和他的時代　中國孫中山學會編　北京　中華書局
　　1989年10月

國父孫先生與臺灣　張瑞成編輯　臺北　中國國民黨中央委員
　　會黨史委員會　1989年11月

國父全集　秦孝儀主編　臺北　近代中國出版社　1989年11
　　月

簡明臺灣史　楊碧川著　高雄　第一出版社　1990年4月再版

臺灣史　戚嘉林著　著者發行，自立晚報總經銷　1991年9月
　新增修版

日據時期臺灣學生運動　藍博洲編著　臺北　時報文化出版公
　司　1993年4月

孫中山未完成的革命　張緒心、高理寧著，卜大中譯　臺北
　時報文化出版公司　1993年10月

國民革命與臺灣之關係　蔣子駿著　臺北　文史哲出版社
　1994年2月

國父生活與風範　莊政著　臺北　臺灣師範大學三民主義研究
　所　1995年1月

「孫逸仙思想與亞太地區安全發展」論文集　財團法人孫文思
　想研究交流基金會編輯　1995年3月

中山先生行誼　劉真主編　臺北　臺灣書店　1995年10月

中山思想與臺灣經驗　劉真主編　臺北　臺灣書店　1995年
　10月

孫中山與現代中國學術研討會論文集　臺北　國立國父紀念館
　叢書　1998年5月

相關文獻

陳以益　　國父在臺灣
　　　　　臺灣新生報　第8版　1948年11月12日
朗　村　　國父二度蒞臺前後
　　　　　臺灣新生報　第11版　1950年10月10日

周起屏　　國父第二次到臺灣

　　　　　臺灣新生報　第10版　1950年10月10日

李　青　　國父在臺北的起居註

　　　　　臺灣新生報　第10版　1950年10月10日

佚　名　　國父第一次在臺灣──庚子惠州起義縱橫談

　　　　　臺灣新生報　第10版　1950年10月10日

童　怡　　國父與臺灣

　　　　　中央日報　第8版　1951年11月12日

方　豪　　國父與臺灣，臺灣與國父

　　　　　中央日報　第6版　1954年11月12日

茂　　　　國父遊臺灣的行蹤

　　　　　臺北文物　第4卷第2期　頁103　1955年8月

黃純青　　國父與臺灣

　　　　　國父九十誕辰紀念論文集　第1集　頁122－136

　　　　　臺北　中華文化出版事業委員會　1955年10月

黃啟瑞　　國父的來臺及其影響

　　　　　國父九十誕辰紀念論文集　第1集　頁137－145

　　　　　臺北　中華文化出版事業委員會　1955年10月

陳漢光　　國父與臺灣

　　　　　中國一周　第394期　頁3－4　1957年11月

毛一波　　國父與臺灣

　　　　　中央日報　第7版　1958年11月12日

曾迺碩　　國父與臺灣

　　　　　中國一周　第446期　頁2　1958年11月

曾迺碩　　國父來臺史事考證

中央日報　第 6 版　1958 年 5 月 20 日

眭雲章　　國父與臺灣

國魂　第 185 期　頁 4-6　1960 年 10 月

鄭品聰　　國父革命與臺灣之關係

中華日報　第 8 版　1962 年 11 月 12 日

毛一波　　國父和臺灣關係的史實

學宗　第 3 卷第 3 期　頁 73-78　1962 年 9 月

林倖一　　國父與臺灣

政治評論　第 10 卷第 11 期　頁 25　1963 年 8 月

南　軍　　國父與臺灣

臺灣新聞報　第 8 版　1963 年 11 月 12 日

黃國書　　國父與臺灣

中央日報　第 2 版　1964 年 11 月 13 日

雍　叔　　國父在臺灣

中華日報　第 6 版　1964 年 11 月 12 日

林倖一　　國父與臺灣抗日運動

革命思想　第 16 卷第 1 期　頁 20-30　1964 年 1 月

佚　名　　戴天仇談孫中山與臺灣

臺灣日報　第 10 版　1965 年 11 月 12 日

吳相湘　　國父初次蒞臨臺灣時日考證

自立晚報　第 5 版　1965 年 11 月 12 日

方　豪　　國父七次來臺

中央日報　第 6 版　1965 年 11 月 12 日

中央日報　第6版　1965年11月12日

臺灣日報　國父在臺灣

　　　　　臺灣日報　第10版　1965年11月12日

方　豪　研究國父來臺次數的經過

　　　　　傳記文學　第7卷第6期　頁53-58　1965年12月

林詩治　國父革命在臺灣

　　　　　中國地方自治　第18卷第7期　頁19-21　1965年
　　　　　11月

張炳楠　國父與臺灣

　　　　　臺灣文獻　第17卷第4期　頁1-4　1966年12月

陸漢斌　國父三蒞臺灣的淵源

　　　　　暢流　第34卷第6期　頁6-7　1966年11月

楊恬逸　國父來臺及其影響

　　　　　中興評論　第13卷第5期　頁7-10　1966年5月

胡牧之　國父和臺灣的關係

　　　　　政治評論　第19卷第5期　頁9-12　1967年11月

林鴻樞　國父革命運動與臺灣

　　　　　暢流　第40卷第6期　頁1　1969年11月

陳　義　國父四蒞臺灣

　　　　　中國時報　第11版　1970年10月10日

　　　　　臺灣日報　第10版　1970年10月10日

　　　　　臺灣新聞報　第9版　1970年10月10日

王天從　訪劉鉅篆談國父蒞臺的所見所聞

　　　　　藝文誌　第54期　頁11-13　1970年3月

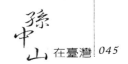

王子翰　　國父與臺灣國民革命運動

　　　　　軍事雜誌　第40卷第2期　頁27-33　1971年11月

佚　名　　國父、總統與臺灣

　　　　　青年戰士報　第1版　1971年10月25日

憲政知識社　國父、總統與臺灣

　　　　　憲政知識　第1卷第3期　頁10-11　1971年12月

趙振宇　　國父革命與臺灣

　　　　　憲政評論　第2卷第8期　頁17-22　1971年8月

李　卓　　國父在臺灣指揮大陸革命起義記

　　　　　臺灣日報　第9版　1972年10月10日

張炳楠　　國父與臺灣

　　　　　師友　第64期　頁7-9　1972年10月

曾迺碩　　國父與臺灣

　　　　　中央日報　第3版　1973年11月12日

王成聖　　國父兩度蒞臺紀詳

　　　　　中華日報　第9版　1974年6月25-27日

王成聖　　孫中山臺灣之行

　　　　　中國時報　第12版　1974年11月30日

曾迺碩　　癸丑國父過臺之史實

　　　　　中央日報　第10版　1974年12月2日

　　　　　廣東文獻　第4卷第4期　頁21-22　1974年12月

王成聖　　孫中山先生與臺灣——國父五次來臺考

　　　　　中外雜誌　第17卷第3-4期　1974年3-4月

林倖一　　國父與臺灣

黃進德　　國父與臺灣

　　　　　臺灣新生報　第2版　1975年3月11日

王鼎臣　　國父精神與臺灣

　　　　　革命思想　第39卷第5期　頁3-5　1975年11月

中央社　　國父領導革命與光復台灣

　　　　　臺灣日報　第2版　1975年3月12日

周開慶　　臺省同胞對國父的崇敬——國父逝世時臺省同胞之
　　　　　哀悼

　　　　　暢流　第51卷第3期　頁1-2　1975年3月

曾迺碩　　惠州之役國父蒞臺史實

　　　　　（上）文藝復興　第72期　1976年5月

　　　　　（下）文藝復興　第73期　1976年6月

東　山　　國父與臺灣

　　　　　中國與日本　第189期　頁17-19　1976年7月

林倖一　　國父對臺灣政治運動的影響

　　　　　自立晚報　第9版　1976年11月12日

臺灣新生報　國父蒞臨臺灣播下革命種子

　　　　　臺灣新生報　第5版　1976年11月12日

梁惠錦　　從臺灣民報看臺胞對國父孫中山先生的崇愛

　　　　　大學雜誌　第94期　頁5-11　1976年2月

陳嘉猷　　國父與臺灣

　　　　　新埔學報　第2期　頁1-14　1976年3月

陳嘉猷　　國父與臺灣

　　　　　革命思想　第42卷第2期　頁3-8　1977年2月

資料組　　國父領導革命與臺灣光復

聯合報　第 14 版　1977 年 11 月 12 日

程榕寧　　國父到臺灣宣揚革命思想

大華晚報　第 8 版　1978 年 11 月 12 日

鍾天擇　　國父與臺灣

臺灣新生報　第 11 版　1978 年 11 月 12 日

王曉波　　國父逝世與臺灣同胞

夏潮　第 4 卷第 3 期　頁 50-52　1978 年 3 月

曉　濤　　國父與臺灣

臺灣日報　特刊第 1 版　1979 年 10 月 10 日

陳壽恆　　臺灣同胞對國父的崇敬

中央日報　第 11 版　1979 年 6 月 19 日

曹景雲　　國父與臺灣

中央日報　第 11 版　1979 年 11 月 13 日

洪桂己　　國父來臺日本外務省檔案選譯

⑴國史館館刊　復刊第 3 期　頁 255-264　1987 年
　　12 月

⑵國史館館刊　復刊第 6 期　頁 263-278　1989 年 6
　　月

林政言　　中山先生在臺灣

國文天地　第 5 卷第 11 期　頁 114　1990 年 4 月

郭展禮　　孫中山先生與臺灣

第一屆孫中山與現代中國學術研討會論文集　頁
211-229　臺北　國父紀念館發行　1998 年 5 月

211-229　臺北　國父紀念館發行　1998年5月

趙建民、李酉潭　孫中山建國三程序與民主化相關概念初探——
　　——兼論臺灣民主轉型的歷程
　　　　第一屆孫中山與現代中國學術研討會論文集　頁
　　　　285-317　臺北　國父紀念館發行　1998年5月

莊　政　　論孫文主義與台灣經驗
　　　　第一屆孫中山與現代中國學術研討會論文集　頁
　　　　563-576　臺北　國父紀念館發行　1998年5月

梁啓超在臺灣

邱白麗 *

一、前言

在中國近代文化的啓蒙階段，梁啓超無疑地扮演了非常重要的角色。胡適曾在丁文江編的《梁任公先生年譜長編初稿》序文裏表示，梁任公的運動，是「曾經震盪中國知識分子至幾十年之久的大運動」。①不論是政治、教育的改革，抑或史學的研究、文學的創發，梁啓超都發揮了莫大的影響力，其範圍不只整個中國，還包括當時受日本殖民統治的臺灣。

清光緒二十年（1894），中日爆發甲午戰爭。隔年，李鴻章與日方進行議和，竟允諾割讓遼東半島、臺灣及澎湖等條件，和議成，全國譁然。梁啓超「代表廣東公車百九十人上書陳時局」②，拒和議，力言臺灣萬不可割。③雖然都察院以「既已用寶，無法挽回」的理由拒不收書，但梁啟超的維新運

---

* 邱白麗，輔仁大學中國文學系博士生。

① 丁文江：《梁任公先生年譜長編初稿・序》（臺北：世界書局，1959 年），頁4。
② 梁啟超著，羅芳洲選註：〈三十自述〉，《梁任公文存》（臺南：北一出版社，1976 年），頁51。

動時代④，也藉由馬關議和，從臺灣跨出第一步，這是梁啟超與臺灣建立關係的開始。而臺灣等地的割讓，也暴露了清廷無法再遮掩的腐敗，讓政治維新運動熱熱烈烈的推展開來。戊戌維新的提出代表著知識分子對時局動盪不安的因應之道，相對的，戊戌變法的快速夭折也代表了清廷無力回天的先

梁啟超 像

兆，正如梁啟超在《戊戌政變記》中說：「吾國四千餘年大夢

⑶ 在林慧儒、陳侶笙所著的《梁任公先生大事記》中說到：「割臺議起，先生聯同順德麥孟華、香山張壽波、增城賴際熙，上書都察院，請代奏，力言臺灣萬不可割，格不得達，三君皆公車報罷者。」又梁啟超在《戊戌政變記·附錄一改革起源》（臺北：臺灣中華書局，1979 年）中說：「乙未二、三月間，和議將定。時適會試之年，各省舉人集於北京者以萬數千計。康有為創議上書拒之，梁啟超乃日夜奔走，號召連署上書論國事。廣東、湖南同日先上。各省從之。」（頁 113）。可見割臺之議成，促使知識分子不得不全面以積極的方式去因應政局的變動。而「公車之人散而歸鄉里者，亦漸知天下大局之事，各省蒙昧啟闢，實起點於斯舉」。此公車上書之事，「實為清朝二百餘年未有之大舉也」。（同前揭書，頁 114。）

⑷ 黃得時在〈梁任公遊臺考〉一文中，將梁啟超的一生，大體分為五個時期：少年求學（1873-1894）、維新運動（1894-1898）、寓日辦報（1898-1912）、民初從政（1912-1919）、晚年治學（1919-1929）。見《臺灣文獻》第 16 卷第 3 期（1965 年 9 月），頁 4。

之喚醒，實自甲午戰敗，割臺灣、償二百兆以後始也。」⑤

戊戌政變失敗後，梁啟超流亡日本，在異鄉繼續為推動祖國的政治改革而努力；辦報、組織團體等，以文章鼓吹其他知識分子為國家的進步而奮鬥，其發表的言論、文章，深得學人之心。當時的臺灣在日本的統治之下，實施殖民政策，受到種種的壓迫，在教育、工作等許多方面都受到不平等的待遇。至於言論、文章的流通，甘得中在〈獻堂先生與同化會〉一文中曾提到，在異族統治下的臺灣，「不但無書可讀，且新聞雜誌之言論文章，皆以總督府之言論為言論，文章為文章，實等於無言論亦無文章，遑論政治經濟學術思想等文化耶？」所以林獻堂⑥只好「求之海外，如滬之萬國公報，戊戌政變後，由橫濱獲讀清議報，新民叢報，繼而於東京讀民報創刊號首頁，則為 國父孫中山先生之三民主義」。⑦由此可知，日本對臺灣是採取愚民政策，以方便供其驅使索求，而臺灣的學人只好在這樣貧瘠的環境中尋找臺灣未來的發展方向。當然，臺灣學人

---

⑤ 梁啟超：《戊戌政變記》，頁1。

⑥ 林獻堂（1881-1956）是臺灣民族運動中最具代表性的領導者，他出生於現在的臺中縣霧峰鄉，卒於日本東京都杉並區久我山寓所。諱大椿，名朝琛，字獻堂，號灌園，是前清舉人廣東候補道臺林文欽的長子。著有詩作《海上唱和集》、《東遊吟草》各一卷，亦曾遊歷歐美各國，著《環球遊記》二十萬言，其作品可參見《林獻堂先生紀念集》，卷2。關於林獻堂的基本資料可參考《林獻堂先生紀念集》（臺中：林獻堂先生紀念集編纂委員會，1960年），卷1；葉榮鐘〈林獻堂先生簡歷〉，《臺灣人物群像》（臺中：晨星出版公司，2000年8月），頁33-36。

⑦ 甘得中：〈獻堂先生與同化會〉，《林獻堂先生紀念集》，卷3，頁24。

因為獲取資訊的管道有限，加上梁啟超的言論文章，素有「發聵振聾」之功，因此他們傾慕梁啟超而受到影響，也是不爭的事實。

臺灣自從一八九五年割讓日本後，內在心理因殖民統治的悲憤之情難以抑扞，加上日本對臺灣的管理，極盡予取予求之能事，因此不斷爆發流血抗爭運動⑧，而日人也因此對臺灣的管制更趨嚴緊。臺灣學人對此不公不平的待遇深感憤恨難抑；但對以流血抗爭的結果又深覺悲痛無奈。因此，林獻堂在光緒三十三年（1907）由日本東京返臺時，途經奈良，巧遇梁啟超，隨即對其說明臺灣當時的情勢，政治受差別，經濟被搾取，法律不平等，最悲痛者，莫過於愚民教育了，處此情境，不知如何而可？因此就為臺胞爭取諸項權力等問題請教應對之方⑨，後亦邀請梁啟超遊歷臺灣。梁啟超早聞臺灣總督後藤新

---

⑧ 根據《林獻堂先生紀念集》，卷1，「年譜」記載：一八九六年六月，雲林柯鐵虎領導義軍抗日，日軍死傷百餘人。明治三十一年（1898）到三十五年（1902），臺灣抗日義民被日本軍警所殺戮者有一萬一千九百五十人。一九〇七年十一月，發生北埔暴動事件，日本警察為驅使保甲民參加生蕃討伐，臺人起而反抗，襲擊當地支廳，殺死支廳長以下警吏及其家屬五十五人，負傷六人。一九一二年三月，發生林杞埔暴動事件，總督府為批准竹林與三菱會社，竹山農民起而反抗，殺死頂林派出所警官三人。一九一三年，苗栗羅福星事件，判決死刑六名，懲役一二七名。一九一五年八月三日，發生噍吧哖事件，余清芳等率眾襲擊南庄及其他派出所，殺死吉田警部補以下警官十八人。時值日本內部對臺灣統治的方式有不同的意見，因此噍吧哖事件的發生正足以讓臺灣總督府繼續堅持其強制性的管理，小題大作，調派正規軍圍剿，開設臨時法院偵審等，結果被判刑者八百餘人，因迫供而死於非刑者不知凡幾，死於砲火刀槍之下者，又不知凡幾。

平對臺灣施政情境的宣揚⑩，時亦已萌生遊臺之意。林獻堂的
邀請，使梁啟超對臺灣的影響有了實質的意義，讓臺灣經由梁
啟超，有機會吸納民主、民權的思想種子，也讓自己成為促使
臺灣邁向自治道路的民族運動領袖。

二、梁啟超遊臺之目的

梁啟超遊臺之志，蓄積五年，終能成行，心中必定滿載對
臺灣的期望與諸般有待驗證的想法。除了見見祖國同胞外，更
想多多考察日本在臺灣的施政情形，不論是財政、行政、農

---

⑨ 梁啟超針對臺灣情勢，告之曰：「中國在今後三十年，斷無能力
幫助臺人爭取自由。故臺灣同胞，切勿輕舉妄動，而供無謂之犧
牲。最好倣效愛爾蘭人，對付英本國之手段，厚結日本中央政界
之顯要，以牽制臺灣總督府之政治，使其不敢過份壓迫臺人。」
此次見面的談話，不但影響了林獻堂個人的思想與行動，也間接
決定了臺灣人日後政治運動所採行的溫和路線。因為「以當時日
人在臺灣政治力量之強大，與夫臺灣地理之特殊環境而言，臺人
之政治運動，必不容有流血革命之出現，即使出現，亦必無成功
之可能，然非任公之真知灼見，掬誠相告，則臺人為爭取自由，
或不免多所犧牲也」。引自葉榮鐘：《林獻堂先生紀念集》，卷
1，頁15。
⑩ 日本統治臺灣十數年，在各方面都有相當的進步。日本亦於當時
著名的雜誌《中央公論》中大肆宣揚其偉大成就。梁啟超亦曾在
其主辦的《國風報》中刊其譯文，並加譯者識語曰：「此本登載
日本中央公論第七號。於治臺先後次第之方，述之歷然。意在紀
實，不涉誇大，故撮取其意，譯為斯篇。中間頗附鄙說，以媿贈
為臺之主人公者。」並於同年又載譯〈日本勢力之增進〉一文，
表述日本對臺灣統治之成績等。梁啟超對日本的大肆宣傳亦半信
半疑，但由其載文中可知，梁啟超對於臺灣之重視與關心。

政、幣制、內地殖民政策、警察行政、土地租稅、戶口調查等
等，期能取良法以資參用⑪；另因其有意創辦日報，聞臺灣之
經濟突飛猛進，除可考其財政系統以資參酌，也欲為報館籌措
所需款項。在《梁任公先生年譜長編初稿》卷十六光緒三十三
年（1907）十二月二十九日任公致徐佛蘇信中，關於籌劃開辦
江漢公報和江漢公學的經費曾提及獻堂先生之事謂：「其開辦
費現雖無著，上有臺灣林君者亦熱心故國，而崇拜吾黨，弟擬
親往運動之，當有所得。」⑫又《林獻堂先生紀念集》卷一
「年譜」中亦載，光緒三十三年（1907）林獻堂於日本結識梁
啟超後，同年十二月二十三日侯雪舫（為任公擬定江漢公報之
負責人）致任公一書亦有「先生臺灣之行如何，念念」。⑬同
日任公致康南海書中亦有「又欲往臺灣籌款」之語。⑭宣統三
年（1911），即梁啟超遊臺前，在二月十三日給徐佛蘇的信中
也提到籌款之事，曰：「……僕頃欲籌十萬金，辦兩報館，
（原註：以七萬辦滬報，以三萬辦京報）今雖未有眉目，然可
希望者數處，日閒將為臺灣之遊，亦為此事，……。」⑮由此
可知，梁啟超遊臺此行對臺灣經濟抱著非常熱切的期待，對於

---

⑪ 關於梁啟超遊臺欲考察之諸項事物，於其所著《遊臺灣書牘》第
　一信中可窺見一般。參見梁啟超《新大陸遊記節錄》（臺北：臺灣
　中華書局，1957 年）之「附錄二」，頁161-163。

⑫ 丁文江：《梁任公先生年譜長編初稿》，卷16，頁263。

⑬ 侯延爽（雪舫）向梁啟超說明辦報事宜，於書中提及「先生臺灣
　之行何如？念之」。關於侯延爽致梁啟超一書全文，可參閱《梁啟
　超知交手札》（臺北：國立中央圖書館，1995 年），頁174-175。

⑭ 葉榮鐘編：《林獻堂先生紀念集》，卷1，頁16。

⑮ 丁文江：《梁任公先生年譜長編初稿》，卷20，頁333-334。

籌款之事亦是身負重任。

宣統二年（1910），梁啟超發起組織國民常識學會。於翌年遊臺時，曾將國民常識學會之緣起與章程交與林獻堂，表明欲倡辦之心意。在梁啟超回日後致林獻堂的書信中，亦有具體之說明：

> ……惟別商國民常識學會一事，自歸來後，屢與諸同志熟商其辦法，略異於前。除印送通俗之小冊子外，欲精心結撰，以辦講義一種。今將改定章程及說略呈覽。弟一年來苦思力索，竊謂為祖國起衰救敝，計舍此末由。即以臺灣諸昆弟論，若能得數百人入此學會，獲此常識，則將來一線生機，即於是焉繫。鄙人不敏，將併兩年之力，殫精以治之。報國之誠，將專注於此矣。今遍約內地同治？之有譽望者，為發起人向學部存案。茲將重要之姓名，別紙列呈，欲邀 公亦為發起人之一，所以為臺人倡也。⑯

所以為國民常識學會徵求會員，亦為梁啟超遊臺目的之一⑰。

---

⑯ 關於國民常識學會之緣起與章程、改定後之章程及說略並梁啟超於宣統三年四月十八日致林獻堂的全書內容，可參閱黃得時：〈梁任公與國民常識學會——留存在臺灣的一些珍貴資料〉，《東方雜誌》復刊第 1 卷第 3 期（1967 年 9 月），頁66-73。

⑰ 後來梁啟超忙於成立憲友會，接著武昌起義，一連串的事情接踵而至，使得他無暇顧及組織國民常識學會之事，於是此「起衰救敝」的抱負終沒能實現。

三、梁啟超的臺灣行

根據梁任公遊臺日程表⑱，我們可窺見梁啟超臺灣行的活動過程，以下將依據其參與的政治、文化活動及其遊臺之感受與友朋之間的交誼作一概略性的說明：

㈠政治考察

1.考察臺灣總督府

根據遊臺書牘第三信所說，梁啟超在臺北逗留五天的時間裏，每天都非常忙碌，無法休息。白天要忙著到總督府各局所考察參觀；晚上則與臺灣遺老相晤談。雖然只有短短數天，卻已經湧起種種不同於以往所聽聞的感受。對於統治臺灣的日本官員更是百聞不如一見的慨嘆。他說：

> 此間百無所有，惟有一總督府耳。總督天帝也。立憲國之君主，視之蔑如矣。其官吏別有一種習氣。居日本十年所不能睹也。吾至此，不得不以禮往謁。乃適如昔人所謂因鬼見帝者，殊可一笑。三謁不得要領，卒辭以疾。殖民地之官吏，如是其尊大也。猶謝其派一通譯官為嚮導，乃得遍歷諸局所調查，獲種種便利，此莫大之人情耳。⑲·

---

⑱ 見黃得時：〈梁任公遊臺考〉，《臺灣文獻》第16卷第3期（1965年9月），頁59-60。詳見本文〈附錄一〉。

⑲ 梁啟超：《新大陸遊記節錄·附錄二·遊臺灣書牘》，頁164。

可見在臺灣的官吏較之日本國的官吏更加妄自尊大,將殖民統
治者的傲慢表現的淋漓盡致。當然,臺灣總督府官吏的恃寵而
驕,也來自於日本國統治權力的下放,六三法案⑳的成立公
佈,使在臺灣的日本官吏產生對臺割據的心理,當然在統治的
策略運用及權勢的掌控上就更加為所欲為了。

　2.遊覽臺北城

　梁啟超除考察臺灣總督府各施政情形外,還遊歷參觀了臺
北城,眼見當年劉銘傳駐臺時所建設的城牆,已被拆毀,不勝
欷噓。他在遊臺書牘第三信中說:「劉壯肅所營故城毀矣。留
其四門,以作紀念。今屹然於西式堊室與東式木屋之間。日過
其下,劌心怵目。故撫署,今為總督府,吾曾入之,歸而累
欷。得一絕云:幾處橑題敝舊椽,斷碑陊剝草成煙。傷心最有
韓南澗,凝碧池頭聽管絃。」㉑正足以表述出他的不捨之情。
另有〈臺北故城〉:「清角吹寒日又昏。井榦烽櫓了無痕。客

---

⑳ 日本據臺之年(1896)三月撤銷「軍政」,自四月一日起實施「民
　政」,同時提出所謂「委任(授權)立法」法案於帝國會議。同年
　六月三十日以法律第六三號公佈「關於施行臺灣之法律」,這就是
　所謂六三法案。「六三法」在政治的意義上是承認臺灣特殊化的
　制度,也就是總督專制政治之張本。在法律的意義上是由日本帝
　國議會界與臺灣總督在臺灣有權發佈與法律具有同等效力的「律
　令」,即所謂授權立法制度。六三法案同時也是臺灣一切惡法之所
　由來。可參閱蔡培火等著:《臺灣民族運動史》,(臺北:自立晚
　報社,1982年),頁53。所以後來會有六三法撤廢運動,也是來
　自於臺人民族意識的覺醒。關於此運動容後再述。
㉑ 梁啟超:《新大陸遊記節錄‧附錄二‧遊臺灣書牘》,頁164。

心冷似秦時月。遙夜還臨景福門。」亦是真情流露之作。

　　對於臺北城的建設，梁啟超亦在他的詩中表露一二。〈拆屋行〉中「節度愛民修市政，要使比戶成殷闐。袖出圖樣指且畫，剋期改作無遷延」，充分說明政府施政有新的建設原是一件美事，但卻造成屋主在街頭「麻衣病瘦血濡足，負擔八雛路旁哭。窮臘慘栗天雨霜，身無完裙居無屋」的悲慘情狀，而「懸絲十命但恃粥，力單弗任惟哀憐。吏言稱貸豈無路，敢以巧語干大權。不然官家為汝辦，率比傍舍還租錢。出門十步九回顧，月黑風淒何處路。祗愁又作流民看，明朝捉收官裏去」的描寫也直指建設美名背後所遮掩被犧牲人民的血淚及官吏的蠻橫無情。大抵上梁啟超此行的考察是非常失望的。

㈡文化交誼

1.臺北遺老歡迎會

　　梁啟超遊臺之消息，早由林獻堂發表。臺灣遺老們紛紛引頸期待，終於在三月三日臺北的薈芳樓歡迎會得瞻風采。梁啟超在遊臺書牘第三信亦載：「遺老之相待，有加無已。自顧何以當此。昨日乃集百餘輩，大設歡迎會於臺北故城之薈芳樓。吾席間演說之辭，真不知如何而可。屬耳在垣，笑罵皆罪耳。」[22]顯示當時的情形令梁啟超非常為難。而甘得中更貼切地道出當時情景：「……菇在北臺人有志及華僑之歡迎會於東薈芳旗亭，是會也，日官民無一參加，而偵探特務則四伏矣，

---

[22] 同前註。

翁（即林獻堂）毫不畏縮，起述歡迎辭，繼而任公致謝辭，兼作一小時之講演，因隔窗有耳，辭意委婉，非細味之，不能知其底蘊……」㉓因此梁啟超才以詩代言的方式，表達當時與遺老們相見之心情。㉔

對這場歡迎會，梁啟超寫下了充滿感懷的四首詩，「傷心人讀此，應同茲懷抱耶」，其詩云：

側身天地遠無歸，王粲生涯似落暉。
花鳥向人成脈脈，海雲終古自飛飛。
尊前相見難啼笑，華表歸來有是非。
萬死一詢諸父老，豈緣漢節始沾衣。

憶附公車昔上書，罪言猶及徙薪初。
珠厓一擲誰當惜，精衛千年願總虛。
曹社鬼謀成永歎，楚人天授欲何如。
最憐有限哀時淚，更灑昆明劫火餘。

間氣神奇表大瀛，伏波橫海舊知名。
南來蛇鳥延平壘，北向雲山壯肅城。
萬里好風回舶趠，百年麗日照春耕。

㉓ 甘得中：〈獻堂先生與同化會〉，《林獻堂先生紀念集》，卷3，頁30。
㉔ 梁啟超此行大量撰作詩詞，想來亦是日本嚴密監控其所參與的活動、發表的言論下所產生的出乎意料的結果。

誰言鶯老花飛後，贏得胥濤日夜聲。

劫灰經眼塵塵改，華髮侵顏日日新。
破碎山河誰料得，艱難兄弟自相親。
餘生飲淚嘗杯酒，對面長歌哭古人。
留取他年搜野史，高樓風雨紀殘春。

顯示此四律非一般應酬或吟詠風月之作，而是以流亡海外，同
為祖國遺棄的遺民心情之最佳寫照。尤其是第一首「尊前相見
難啼笑，華表歸來有是非。萬死一詢諸父老，豈緣漢節始沾
衣」，及第四首「破碎山河誰料得，艱難兄弟自相親」，更是道
盡心中對國家現況的無奈與悲痛，是最深沈的呼喊。

　　2.櫟社㉕詩會

　　梁啟超於三月四日抵達臺中，當天晚上櫟社在瑞軒舉行盛
大的歡迎會，與會的都是當時有名的詩人，如莊士哲、洪月
樵、施家本、林階堂等人。根據當時櫟社社長傅錫祺所編的

㉕ 當時的臺灣，為了維護固有文化免於失喪，詩社林立，臺北瀛
　 社、臺中櫟社、臺南南社是規模最大的。而櫟社是臺灣改隸後成
　 立最早，規模最大，聲望最隆而影響力也最大的詩社之一。民國
　 十年，林幼春先生在其所撰的〈櫟社二十年間題名碑記〉中說：
　 「櫟社者，吾叔林癡仙之所倡也。叔之言曰，吾學非世用，是謂棄
　 材，心若死灰，是為朽木，今夫櫟，不才之木也。吾以為幟焉。
　 其有樂從吾游者志吾幟。」然而，櫟社雖為一遺民集團，但卻不
　 以遺民自了，「孳孳於抱殘守缺治其所謂棄學，苟延一線斯文，
　 得保持祖國文化於不墜」。參葉榮鐘編：《林獻堂先生紀念集》，
　 卷1，頁19。

《櫟社沿革志略》於清宣統三年中記載曰：「……粵東名士梁
任公（啟超）、湯覺頓（叡）、梁女士令嫻等遊臺，我社開會歡
迎之。四月二日（古曆三月初四日），會於瑞軒。社友二十
人，來賓十二人。……詩題為〈追懷劉壯肅〉，〈洗硯〉，〈新
荷〉，〈抄詩〉等……。」又林幼春在其〈櫟社二十年間題名
碑記〉有云：「時梁任公湯明水兩先生，亡命海外，適然戾
止，觴詠之歡，有逾永和。」可知當時盛況。而梁啟超亦以七
絕詩〈櫟社諸賢見招〉四首致謝云：

大道風吹海氣腥，道旁薺麥長青青。
水雲意外空明處，一角人間野史亭。

中散養生惟中酒，東坡畏事好吟詩。
將心寫入江潭淚，消得天荒地老時。

櫟社社友在臺中接待梁啟超

　　天涯所至饒斤斧，可有名山養棄材。
　　政恐風低雲斷處，十圍遠籟作聲哀。

　　清時我亦成樗散，分作神州袖手人。
　　憑語沙邊舊鷗鷺，倘容占席暫相親。

　　其中「將心寫入江潭淚，消得天荒地老時。天涯所至饒斤斧，可有名山養棄材」說出了臺灣知識分子在這樣惡劣情境下的無奈與不甘。

　　〈追懷劉壯肅〉亦是當晚的詩題之一，劉銘傳是近代中國非常卓越的政治家，從太平天國之戰、剿平東西捻，到督辦臺灣事務，事功輝煌。加上任臺灣巡撫期間，撫定生番、興建鐵路、振興商業、策劃現代化，建樹非常多。對於臺灣的發展來說，劉銘傳已經寫下了輝煌的一頁。梁啟超用了六百多字作〈遊臺灣追懷劉壯肅公〉古風一首，其中「雞籠一戰氣先王，滬尾設險疇能嬰。其時馬江已失利，黑雲漠漠愁孤城。忍饑犯瘴五千士，盡與將軍同死生。手提百城還天子，異事驚倒漢公卿。揭來海氣千里平，杲杲紅日照屯耕。桑麻滿地長兒女，舉子往往劉其名」，詳盡而真切地道盡劉銘傳的建樹與貢獻；而「漢家何代無奇英，陳湯無命逢匡衡。賈生得放既云幸，晁錯效忠行當烹。及其摧折已略盡，九牧所至如罄瓶。一朝有事與人遇，若乃持莛撼大楹。君不見將軍嘔心六載功不就，翻以資敵成永寧，天地生才亦匪易，悵望古今徒玲玐」，則慨嘆英才

萊園

之不遇。許是梁啟超遊歷臺北城之印象深刻，憶及劉銘傳當日治臺之偉業與用心，見中國人對於自己土地的貢獻任由外人予取予求，與長居此地的臺灣遺老共晤後，有更加深切的感受。

(三)遺民心，臺灣情

梁啟超的臺灣行因為受到日本官方的多所關注，因此他把所見所聞，心中所感，全部透過詩詞的方式加以抒發。㉖當然，他對臺灣土地的感受，亦是以詩詞代言。他在遊臺書牘第六信中說：「此行乃得詩八十九首，得詞十二首，真可謂玩物

㉖ 因為梁啟超在參加臺北遺老歡迎會時，見識到日本官吏的嚴密監視與對遺老們的盤查，因此爾後在公開場合，就純以詩詞應和的方式應對，絕不公開發表政治言論。其在櫟社詩會如此，在霧峰萊園與遺老們相處亦然。

喪志，亦抑勞者思歌，人之情歟。」⑰而他的詩作又屬在霧峰
萊園期間最多，想來一方面是以詩會友，一方面是對於當地的
風情有所感而作，不論如何，梁啟超與臺灣遺老之間的唱酬應
和，或是呈顯親密感情，或透露民族哀思，都是真情流露。

1.清明後分韻賦詩

梁啟超前往臺中霧峰後，於清明後一日與湯明水、林癡
仙、林獻堂、林幼春、陳槐庭等人夜宴萊園，席間以「主稱會
面難，一舉累十觴」為韻。梁啟超分得「難」、「累」作二
詩：

> 此日足可惜，來日更大難。但對素心人，何必懷百端。廣
> 庭春月白，芳草清露漙。江山不改舊，天宇自高寒。茲游
> 信多感，美襟良亦殫。思逐花前發，愁借酒杯寬。主人知
> 余意，談讌到更闌。人生幾清明，明旦成古歡。

> 平居飛動意，閱世成止水。有如挂壁弨，屢張復旋弛。居
> 夷久矣陋。遠交得數子，逃虛聞足音，安得不歡喜。但念
> 所託邦。觥觥若棋累，昔痛雛不育。今憂室將毀。不見
> 漢珠厓，吾土亦信美。艱難豈足道，一棄若敝屣。悠悠我
> 之思，行邁正靡靡。俯仰對新亭，勞歌吾其已。

詩中仍充滿對家國現況的擔憂，但對於遠行能結交志同道合之

---

⑰ 梁啟超：《新大陸遊記節錄·附錄二·遊臺灣書牘》，頁171。

好友，亦是滿心歡喜。林癡仙所作「花前說天寶，徒使青衫濕」
頗有相應和之情，而「燭龍棲寒門，委羽蔽太陽。美人隔西
方，脈脈徒相望。何意荊棘中，飛來鸞與凰，天教凡群鳥，五
色瞻文章。披雲睹青天，慰我飢渴腸。可惜望月峰，不共明月
光。天際指歸舟，後夜即參商。嘉會難重遇，顧君更飛觴」，
更是展現出對於梁啟超的傾慕，同時也透顯出對於知音即將離
臺的事情感到依依不捨。

　　當然，梁啟超與林家三傑（林癡仙、林獻堂、林幼春）的
感情是緊密而深刻的，不論是對政治、經濟、民族解放問題的
討論，或對政局、行事提醒督促的信件往來，抑或詩詞的應和
相贈都可見其交情之深厚。林幼春曾作詩：

　　十年讀公書，一旦識公面。初疑古之人，並世無由見。及
　　此慰平生，春風座中扇。但恨少未學，徒作臨淵羨。高深
　　邈難測，窺管目已眩。誠願棄素業，從公更研鍊。小巫神
　　氣索，欲進羞自薦。默念宿所志，胸次日千變。中更遭世
　　艱，幾欲焚筆硯。君子故有恆，素行保組練。小儒自多
　　患，汲汲憂貧賤。惻然哀吾頑，毋寧事耕佃。

亦展現出對於梁啟超的景仰與敬佩之情。

　　2.萊園雜詠

　　梁啟超在萊園時，亦與遺老們唱酬，所得之詩甚多。其中
亦有林癡仙、林幼春與梁啟超相贈與應和之作。在臺灣雜詩中
有五律一首：「暫掩新亭淚，相傾北海尊。春歸萬梅嶺，地闢

一萊園。魚鳥忘賓主，杉松長子孫。不逢催客吏，或恐是桃
源。」是梁啟超詠讚萊園之作，而萊園也讓他得以暫時忘卻流
離之苦。詩下梁啟超自注曰：「萊園在霧峰之麓，萬梅崦下。
逸民林獻堂所築，以頤養重闈者，極山水林木之勝。余茲行，
獻堂實先後之連輿接席，備極摯渥，館余於萊園者旬日，為偏
題池館而去。獻堂為剛愍公從子，與諸昆並好學能文，使人生
故家喬木之感也。」可見居於霧峰萊園時期亦是梁啟超臺灣行
中較為快樂的時光。但是他下榻萊園的隔天是清明，「迢迢爆
竹聲」提醒他「重為萬里客，又過一清明」，而「故山路幾
許，南望涕縱橫」使其懷祖思故土之情益深。

　　當然，天天在萊園出入遊賞，對於萊園的風光景致得以盡
覽無遺，梁啟超曾作萊園雜詠七絕十二首，分別以啟超、任
公、飲冰之名發表，將所見所感的萊園風物生動記述，如：

〈萊園〉（啟超）
人物自是徐孺子，山林不數何將軍。
稍喜茲游得奇絕，萊園占盡月三分。

〈五桂樓〉（任公）
娟娟華月霧峰頭，氾氾光風五桂樓。
傳語王孫應好住，海隅景物勝中州。

〈荔枝島〉（飲冰）
一灣流水接紅牆，自憩圓陰納午涼。

梁啟超訪臺旅居萊園
的詩作

遺老若知天寶恨，新詞休唱荔枝香。

〈夕佳亭〉（啟超）
小亭隱几到黃昏，瘦竹高花淨不喧。
最是夕陽無限好，殘紅蒼莽接中原。

在其興味盎然的描繪中，同時也顯露慨嘆之情，想來有志之士在面臨家國危機時，縱使身處安逸，擔憂亦無片刻離其心。

梁啟超於霧峰萊園時接獲康有為的電召，不得不提前返回日本，因此在萊園數天，詩詞酬唱充滿離情依依，其中有〈留別〉一首：

鶯吒鳳靡送年華，頗識吾生信有涯。
惆悵無因成小隱，賣書猶欲問東家。

自述曰：「居萊園五日，明發行矣，黯然頗難為懷，賦此留別，且為他日重遊之券。辛亥清明後二日。」顯示種種不捨之情。

3.遙悼臺南古都

梁啟超在其遊歷行程中，因臨時接獲康南海電召，結束遊臺，遂無緣前往南部考察。但在其諸多詩作中，我們可以發現有多首是依據臺南的歷史、風土人物撰寫而成。梁啟超遊臺之意，既已蓄志多年，想必心中早有規劃遊歷暨考察藍圖，而關於臺南的歷史與風土人物亦已神交良久。未能親往，必生感慨

與遺憾，只得以詩作聊表心跡。

其在遙悼臺南古都的詩詞中，以鄭成功、五妃、鹿耳門為主的歷史事件為表述對象，對於臺南歷史的瞭解亦使人印象深刻，如「三百年前事，重重入眼明。天開一柱觀，月照受降城。胡虜到今日，兒童識大名。孰非軒頊裔，哀此乞廛氓」，展示著赤崁城的風雲歷史，今日之頹壞，亦發使人思及當年鄭延平克荷蘭受降於此的情景；而「五妃從死地，竹淚滿南州。銅輦成千古，冬青共一丘。珮環青冢月，蘭芷渚宮秋。愁絕思公子，靈旗肯少留」，則宣示著當年五妃從死的悲壯情義。另在〈八聲甘州〉中記述延平郡王事云：「甚九州盡處起悲風，漢軍落前星。賸百年花鳥，種愁荒砌，啼血空城。夜半靈來靈去，海氣挾蛟腥，似訴興亡恨，鈴語聲聲。」亦對歷史的興衰盛亡有很深的感慨。

三月十三日梁啟超乘讚岐丸號離臺，於舟中又作了〈桂園曲〉一詩，詩序曰：「明故寧靖王朱術桂，以永曆十八年奉詔入臺，監鄭軍。延平王待以宗藩禮，三世不衰。……越二百二十八年。新會梁啟超遊臺灣，以道遠未能謁也，述其事，以作歌，時清明後五日也。」顯示其對於未能到臺南考察遊歷的深切遺憾與不捨。而詩中對於朱術桂的記述，如「天荒地老存三恪，裙布釵荊占一丘。黑風一夜吹滄海，朱顏未換離闈改。虎臣執梃傳車忙，龍種攀髯弓劍在。金環翠弗拜堂皇，王死官家妾死王」，更顯示梁啟超對臺灣歷史的關注之情溢於言表。

4.臺灣雜詩

梁啟超的臺灣行不僅是考察行政、了解風土，亦將其對臺

灣本地的景致、植物等之感受以詩詞表現出來。他在遊臺書牘
第六信中就記述了〈臺灣雜詩〉十五首,均詠臺灣之史實,
如:「千古傷心地,畏人成薄遊。山河老舊影,花鳥入深愁。
人境今何世,吾生淹此留。無家更安往,隨意弄扁舟。」「故
老猶能說,神功締造深。廢興三國志,戰伐百年心。幾鑿張騫
孔,仍來陸賈金。早知成覆水,休誦白頭吟。」說明臺灣雖歷
經荷蘭、西班牙、法國的佔據,但後來都能光復,如今處境卻
是令人擔憂。而在臺灣處處可見的相思樹,亦使梁啟超悲從中
來,寫下「終日思君君不知,一邊心事豈相思。山山綠遍相思
樹,長願君心化樹枝」的詩句,充分流露出遺民的哀思。

　　在臺期間,梁啟超亦曾改譯臺灣民歌作成〈臺灣竹枝詞〉
十首,這是他遊歷臺灣所作較為特殊者。「竹枝詞」本是巴渝
民歌,多用來吟唱民間疾苦。唐朝的劉禹錫認為俚俗民歌鄙
陋,就依〈九歌〉作了〈竹枝〉新辭九章,教人歌之,於是大
為盛行,成為我國民歌大宗。梁啟超以〈臺灣竹枝詞〉命名,
應是取其吟唱哀切之意,詞序中說:「晚涼步墟落,輒聞男女
相從而歌,譯其辭意,惻惻然若不勝谷風小弁之怨者。乃掇拾
成什,為遺黎寫哀云爾。」可見梁啟超此詞不僅為「遺黎寫
哀」,亦有寄寓鄉愁之意。

　　郎家住在三重埔,妾家住在白石湖。
　　路頭相望無幾步,郎試回頭見妾無。

　　韭菜開花心一枝,花正黃時葉正肥。

願郎摘花連葉摘，到死心頭不肯離。

相思樹底說相思，思郎恨郎郎不知。
樹頭結得相思子，可是郎行思妾時。

手握柴刀入柴山，柴心未斷做柴攀。
郎自薄情出手易，柴枝離樹何時還。

郎搥大鼓妾打鑼，稽首天西馬祖婆。
今生彀受相思苦，乞取他生無折磨。

綠陰陰處打檳榔，蘸得蒟醬待勸郎。
願郎到口莫嫌澀，箇中甘苦郎細嘗。

芋芒花開直勝筆，梧桐揃尾西照日。
郎如霧裏向陽花，妾似風前出頭葉。

教郎早來郎恰晚，教郎大步郎寬寬。
滿擬待郎十年好，五年未滿愁心肝。

蔗葉長大難遮陽，蔗花雖好不禁霜。
蕉肥蔗老有人食，欲寄郎行愁路長。

郎行贈妾猩猩木，妾贈郎行蝴蝶蘭。

　　猩紅血淚有時盡，蝶翅低垂那得乾。

　　他在每一首詞中，將臺灣種種特有的相思樹、猩猩木、蝴蝶蘭、芋芒花、梧桐等植物援引入詞，意象豐富，比喻貼切，情感的描寫深入人心，筆法亦生動靈巧。尤其是末兩句「猩紅血淚有時盡，蝶翅低垂那得乾」，更是說明當時臺人的悲慘處境。他在臺灣所作的每一首作品都不脫哀愁與慨嘆，血淚交織，此詞亦不例外。

四意外事件

　　在梁啟超的遊臺行程中，一件惡意中傷事件，使得日本長期對臺灣人思想的嚴密監管之卑劣手段表露無遺。對於梁啟超的臺灣行，日本《神州報》報導其為受臺灣總督府之邀請，並是為日對臺的治績歌功頌德而來。梁啟超對此造謠之事大為惱火，立即寫了〈與上海某某等報館主筆書〉，刊登於《國風報》上，表其心跡曰：「……謂吾受日本臺灣總督府之招，將往頌其功德，殊不知吾遊臺之志，已蓄之數年。凡稍與吾習者，誰不知之。而此次之行，乃不知託幾多人情，忍幾多垢辱，始得登岸。而到彼以後，每日又不知積幾多氣憤。夫閱貴報之人，皆未嘗與吾同遊，則任從公者顛倒黑白，亦誰能辨者。然吾之此行，臺灣三百萬人，皆具瞻焉。一舉一動，莫不共見。吾能欺人乎。……無奈此行乃以傷心現象，充塞吾心目中，若有鯁在喉，非吐之不能即安。……公等日日惟以閉門捏造新聞為事，不轉瞬而所發現之事實，適與相反，其毋乃太心勞日拙矣

乎。」可見梁啟超對於此事之憤慨不平。

　　遊臺書牘第五信中更深入記載：「……又安知我懷抱無量數深痛隱恨，而為遺老計，投鼠忌器，猶不敢盡以形諸楮墨耶。……吾非萬不得已，又何苦居人國而非其大夫耶。曾是受人指使者而許作此等語耶。此種報紙，……。所惜者，未免自污損其價值耳。公等恚怒何等者，桀犬之吠而與校耶。……顧吾有不能不一言者，吾茲遊本欲察臺灣行政之足為吾法者，而記述之以告國人，今固大失望也。」[28] 嚴詞譴責中可見其在此行中所受之污辱與痛苦，尤其梁啟超本人亦為報界人員，對於這樣捏造事實的報導，想必更是痛心疾首。

(五)哀憤離臺

　　關於臺灣總督府對臺的施政情形，梁啟超在未抵臺前已有所聽聞[29]，他在親自考察過總督府的各局所行政及與臺灣遺老晤談後，頗為失望。

---

[28] 梁啟超：《新大陸遊記節錄・附錄二・遊臺灣書牘》，頁 167。

[29] 林獻堂之姪子林幼春，曾於光緒三十三年致梁啟超信中提及：「……淪胥已來，務為繭絲之政。其黠者狐媚百端為之倀，以求免於禍。其愚者魚肉為命、鼎俎是甘，加以學校程度甚低，開化無期，生計之途日窘，謀時不易……。」引自《梁啟超知交手札》，頁 161。後梁啟超亦曾對林獻堂、甘得中、林幼春所提及的日人苛政加以描寫，我們可從梁啟超在宣統二年（1910）所作的〈贈臺灣遺民某（林獻堂）兼簡其從子（幼春）〉一詩中了解梗概，曰：「……前年府令築鐵路，料地考工集輪倕，連畦千里沒入官，區區券直不余界。去年大尹修市政，滌蕩穢瑕道如砥，并湮木刊遍窮邑，老屋十家九家毀。」對臺人所受的傷害有詳盡的說明。可參《林獻堂先生紀念集》，卷 1，頁 17。

他在遊臺書牘第四信中說：「臺灣之行政設施，其美備之點誠極多。然此皆一般法治國所有事耳，不必求諸臺灣也。吾所為殷然來遊者，徒以臺灣居民，皆我族類，性質習俗，同我內地，欲求其制度之斟酌此性習而立者，與夫其政術之所以因此性習為利導之者。吾居此浹旬，而不禁廢然思返也。……吾旬日來，劌心怵目，無淚可揮，擬仿白香山秦中吟為詩數十章記之。……」㉚所作如〈斗六吏〉、〈墾田令〉、〈公學校〉等詩，充分展現其敏銳的觀察力，也明白揭示了臺灣總督府是如何貫徹其所謂的殖民政策，在經濟、教育等各方面施行壓榨與差別待遇。「府令即天語，豈天乃可違。眾雛各有命，何不食肉糜。」（〈斗六吏〉）讓警察以強制收買、徵收老百姓的祖先所遺留下來的土地，以保護製糖會社，老百姓之慘況可想而知。當然，梁啟超欲參酌臺灣施政之良法以告國人的目的必定無法達成。

至於在籌款辦報的經濟需求上，梁啟超仍是無功而返。丁文江在《梁任公先生年譜長編初稿》中說：「先生這次游臺的結果，對於籌款方面一無所獲。」㉛又宣統三年（1911）四月初二〈徐佛蘇致梁啟超、湯叡〉一書中也提到：「……二十八日晤弱庵，知此行一無所得；……弟此行甚欲籌貲辦報，游臺既無所得，不知它處尚有可圖者否？即乞預為籌佈。」㉜可知梁啟超不僅在行政考察上沒有得到幫助，連經濟需求也是一無

㉚ 梁啟超：《新大陸遊記節錄・附錄二・遊臺灣書牘》，頁165。
㉛ 丁文江：《梁任公先生年譜長編初稿》，卷20，頁334。
㉜ 國立中央圖書館特藏組編：《梁啟超知交手札》，頁249-250。

所獲。

　　既然籌款辦報的需求如此急切，為什麼梁啟超會一無所獲呢？梁啟超在遊臺書牘第六信中說：「……此行所最生感者，則生計上之壓迫是也。一受此壓迫，殆永劫無擺脫之期。吾於全臺，遊歷過半，見其一切日用品，殆無不來自日本。即如所穿之屐及草履，所食之麵及點心，皆然。舉其小者，大者可推矣。……而中國貨則稅率殆埒其原價。其舍日本貨外，更無可用亦宜。而日本貨之價，亦遠貴於日本本境。以物價比例於勞庸，則臺灣物價之昂，蓋世界所罕見也。以故臺灣人職業，雖似加於昔，每日所得工錢，雖增於昔，然貯蓄力乃不見其增而惟見其減。……」㉝不但揭示出臺灣的經濟狀況並不如日本國表面上所宣揚的如此進步富裕，也隱約透露了在日本官吏全權掌控臺灣經濟生產的主要命脈下，臺灣遺老所能提供的金錢援助，許是微不足道吧！對此情境，恐怕梁啟超亦難以啟齒籌款之事。㉞

　　梁啟超本欲由萊園轉往南部，繼續考察，無奈接獲康有為

㉝ 梁啟超：《新大陸遊記節錄・附錄二・遊臺灣書牘》，頁167-168。

㉞ 關於籌措辦報款項之事，葉榮鐘曾表示：「……梁任公來臺目的，對於籌款辦報，有極殷切之期望，然此事在臺灣方面，未能獲得任何資料，對于籌款問題，梁、湯兩先生來臺時，是否曾對灌園先生或幼春先生提起，而不能如願，或見在臺灣所接觸諸遺老經濟實力，微不足道，乃取銷籌款原念，未曾啟齒？誠難懸揣，蓋灌園幼春兩先生生前，皆未提及此事也。」《林獻堂先生紀念集》，卷1，頁20。

的電召,不得不提前結束臺灣的行程,轉回橫濱。他在三月十三日由基隆乘船出發時,還寫了〈念奴嬌·基隆留別〉道:

司勳傷別,況天涯春盡番番風雨。行也安歸留不得,斷渡似聞鈴語。西北雲深,東南地坼,萬恨憑誰補。扁舟去後,殘蟾應戀江樹。 為問枝上啼紅,千山鵑老。顏色能如故。草草東流村壁字,平地幾回今古。碧浪量愁,玉當緘淚,影事君看取。落潮今夜,酒醒夢墜何處。

透顯出離別依依之情。並於舟中作〈浣溪紗·臺灣歸舟晚望〉一詞:

老地荒天閟古哀,海門落日浪崔嵬,憑舷切莫首重回。
費淚山河和夢遠,彫年風雨挾愁來,不成拋卻又徘徊。

自述:「三年不填詞,游臺灣根觸舊恨,輒復曼吟,……自謂不在古人下,儻亦勞者之歌,發於性情,故爾入人耶。」對祖國的感情,因踏上臺灣這塊土地,憶及它百年來的興衰歷史、淪陷光復種種,而觸發了心靈深處更不堪承載的傷痛。在離去的時刻,遠望臺灣,心情益發沈重。

㈥《海桑吟》與《臺灣遊記》

根據連雅堂所編的《臺灣詩薈》所收錄梁啟超的《海桑吟》共六十七首。㉟葉榮鐘也說:「他(指梁啟超)的《海桑吟》

詩（任公手編其遊臺所作詩三十八首，及梁令嫻五古一首，林癡仙五古二首，七律一首，林獻堂五律一首，林幼春五古二首，七律一首。命名《海桑吟》，並將該集寄給北京趙堯生侍御刪正）傳誦一時。」㉟兩者之間的數字相差甚大，這是因為梁啟超並未親自編定《海桑吟》的關係，現在所見有關《海桑吟》的詩詞合輯，都

梁啟超訪臺時之詩作

是後人收集編定的本子。根據梁啟超在遊臺書牘第六信中說：「此行乃得詩八十九首，得詞十二首，真可謂玩物喪志，抑亦勞者思歌，人之情歟。擬輯之曰《海桑吟》，有暇或更自寫一通也。」可見梁啟超自述在臺灣行所作的詩八十九首、詞十二首才是正確的數字，而目前所見通行的《海桑吟》都是不完整

㉟ 連雅堂：《臺灣詩薈》（臺北：臺灣省文獻委員會，1992年），頁79-82；頁217-220；頁355-358。黃得時在〈梁任公遊臺考〉一文中，依據彭國棟《廣臺灣詩乘》的記載，以《臺灣詩薈》收錄之《海桑吟》共五十六首，實《臺灣詩薈》收錄之《海桑吟》共六十七首。是否為依據之版本或計算方式有別，尚待查證。

㊱ 引自凡夫：〈梁任公與臺灣〉，《臺灣文藝》第1卷第1期（1964年4月），頁27。

的。

　　梁啟超既說他「擬」輯成《海桑吟》,「擬」有預定的意思,也許梁啟超離臺後無暇整理,而未有最後的編定。他在遊臺書牘第三信中,提到「擬仿白香山秦中吟為詩數十章記之」,但除〈斗六吏〉、〈墾田令〉、〈公學校〉之外,其餘詩作均不得見。另外他在遊臺書牘第二信中說:「舟次多暇,日以詩自遣,得十數章。當以入遊記,不復鈔呈矣。」可見尚有十數章詩亦未公開發表,因此我們可以確定目前所見的《海桑吟》並非全本,可見梁啟超也沒有親自做合輯工作。

　　關於《臺灣遊記》的存在與否,梁啟超在遊臺書牘第二信及第三信皆提及「當以入遊記,不復鈔呈矣」、「他日當以入遊記,此弗述也」,可見他的確有打算將臺灣行的所見所聞所感,以遊記的方式加以記述,以成《臺灣遊記》。㉚在《梁任公先生年譜長編初稿》中記載:「先生這次遊臺的結果,對於籌款方面一無所獲,惟就考察所得,擬為臺灣遊記一書。四月十四日張菊生氏致書先生,商撰文譯書和承印臺灣遊記,財政原論兩書的事說:『得四月三日手書,知從者歸自臺灣,將本所聞見著書行世,以醒國民,甚感甚感。承示各節,謹奉答如左。……大著臺灣遊記許以版權讓與敝館,至為歡迎,應如何

㉚ 甘得中在〈獻堂先生與同化會〉一文中說:「在北數日,一行則來臺中,繼而居萊園兼旬,與中部諸父老講學論世,與翁族姪老秋尤相器重,後來先生之臺灣遊記,如斗六吏公學令,及其他民情風俗無微不至,輯為盾鼻集者,皆取材於此時。」《林獻堂先生紀念集》,卷3,頁30。文中所說「盾鼻集」者,應為梁啟超在1916年關於護國戰爭的文電結集,所以此處甘得中之敘述有誤。

酬報，乞核示。」又在四月二十五日羅癭公曾致先生一書中也
提到：「遊臺歸滿載感慨而還，增我太息，聞已成遊記，惟盼
速印，先睹為快。」[38]由此可以知道，丁文江說梁啟超「擬」
為《臺灣遊記》，是預備撰寫，但並未確定已完成；而羅癭公
說「聞已成遊記」，是聽說已經完成，但並不知道是否確實。
我們姑且不論梁啟超是否有撰作《臺灣遊記》，可確定的是他
的確有打算要寫，至於為什麼沒有完成或者公開，可能是因為
梁啟超回到日本後，忙於成立憲友會或其他的事情，以致擱置
此事的進行。所以現在所見梁啟超遊臺的作品，除了後人所編
的《海桑吟》外，就只有梁啟超《遊臺灣書牘》中的六封信
了。[39]

四、梁啟超對臺灣知識分子的影響

梁啟超遊臺行程雖然只有十數天，對臺灣的影響卻是深遠
廣闊的。他透過詩詞表述臺人生活的真實景況與遭遇，明白揭
示日人殖民統治的不公與專橫；更透過與臺灣遺老的交遊活
動，灌輸種種爭取民權、自由的思想與方針，對臺灣不論在政
治、文化的發展上，都有指引與推動的強烈貢獻。爾後臺灣在
爭取自治、平等的道路奮力向前，不管是直接或間接的努力，
都是因為梁啟超的關係。以下就針對政治運動與思想文化及寫

---

[38] 丁文江：《梁任公先生年譜長編初稿》，卷20，頁334-335。
[39] 有關目前所見梁啟超在臺所有作品，請參看本書附錄一〈梁啟超
在臺作品彙編〉。

實詩風等部分，說明梁啟超對當時臺灣知識分子的影響。

㈠政治運動

梁啟超對林獻堂的影響代表著臺灣抗日運動的歷史發展。在霧峰萊園時，梁啟超與林獻堂曾針對臺灣的政治、經濟、文化、教育以及民族解放等問題私下晤談，根據林幼春對葉榮鐘口述當時情形為：梁啟超「到霧峰的第二天，他對灌老和幼春先生勸告，叫他們不可『以文人終身』，須要努力研究政治、經濟以及社會思想等學問，並即席舉筆開列日本書籍三十餘種（大部份是由歐文翻譯的），以後又陸續開列，計達一百七十餘種，都是東西的名著。」⑩爾後林獻堂便獻身政治、民族運動，以爭取臺灣自治、教育平等為個人職志，採取溫和不流血的合法抗爭方式去推動政治、民族運動，並以結交日官顯要牽制臺灣總督府，積極爭取臺人在日本國會的參政權，以左右日本政治，為臺灣民族運動史寫下新的一頁。以下就以林獻堂為主所帶領從事的政治、民族運動加以概述：

1.策動推翻六三法案的條文運動

日本的對臺統治在政治方面是以「殖民化」與「皇民化」為中心；經濟上是實行榨取政策；教育上以差別教育為基本原則；社會上嚴格取締集會結社，工商業欲成立公司組織，亦必須有日人參予。⑪而這一切不公之政策則來自於六三法案之施

⑩ 凡夫：〈梁任公與臺灣〉，頁26。
⑪ 請參閱吳三連：〈緬懷灌園先生的高風亮節〉，《林獻堂先生紀念集》，卷3，頁51-58。

行：

> 所謂六三法案，係日本帝國議會於明治二十九年所通過之
> 法律案，其內容以臺灣新附未久，情形特殊，為便臺灣總
> 督因時制宜起見，得由臺灣總督發佈與法律有同等效力之
> 「律令」，臺灣一切惡法，如匪徒刑罰令，阿片吸食取締
> 令，浮浪者取締令，保安規則，保甲連座法等均以「律令」
> 行之。臺灣特殊化，乃係臺灣官僚與在住日人一致之要
> 求。質言之，一切住在臺灣之日人，藉以擁護其特權之眼
> 目。六三法案，乃臺灣特殊化與總督專制政治最有利之根
> 據。⑫

因此撤廢六三法案刻不容緩，林獻堂遂於民國八年赴日，正式
展開此撤廢運動。另外，值得一提的是，根據蔡培火的說法，
六三撤廢問題最早是由日人伊藤政重、久我懋正提出，他們鼓
勵臺灣有志之士發動輿論，向日本政府機關提出撤廢六三法
案。後來伊藤政重似乎被臺灣總督府驅逐出境。由此可知，日
本有識之士亦對臺灣總督府之特權深感不滿。⑬

　　後來因留學生受到民主主義新思潮影響，加上同為日本殖
民地的朝鮮宣佈獨立，並且六三法案已變成無限期的法律⑭，
因此認為撤廢運動已然失去目標，而僅是一種消極的抵制總督

---

⑫《林獻堂先生紀念集》，卷1，頁28。

⑬ 關於撤廢六三法案之詳情，可參閱蔡培火等著：《臺灣民族運動
　史》，頁65-70。

府的專制，屬一治標運動，因此轉而主張「完全自治」，後來經過林獻堂之調整，採取較溫和的方式，才有臺灣議會設置請願運動產生。

　　2.成立新民會

　　新民會是在日本的臺灣留學生所組織的團體。根據《臺灣總督府警察沿革誌第二篇》所載：「新民會表面所揭示的綱領是『專門研討臺灣所有的應革新事項以圖提昇其文化』為目的。但實踐則依據民族自決主義立場，進行島民啟蒙運動，同時以合法的謀求民權的伸張為主要工作，這是無可懷疑的事實。」㊺所以新民會「在於作為臺灣民族運動之主體，該會為臺灣民族運動初期之活動中心，旋臺灣文化協會在臺成立，各種運動直接在臺發動以後，仍遙為倚輔，與臺灣相呼應，至民國二十六年，因日本軍閥之壓力漸強，始歸於自然消滅」。㊻

　　3.推動臺灣議會設置請願運動

　　根據吳三連的說法㊼，臺灣議會設置請願運動是由六三法案撤廢運動而來，起因於當時參與「六三運動」的人對於撤廢有不同的意見。一方認為當時日方會公佈六三法案是鑑於臺灣

㊹ 六三法案在最初施行的十年間，曾經三度延長其有效期。至1921年改為法律第三號，廢除有效期間的限制，變成永久性之法律，所以廢除運動已然失去目標。
㊺ 警察沿革誌出版委員會：《臺灣社會運動史（1913-1936）Ⅰ 文化運動》（臺北：創造出版社，1989年），頁20。
㊻《林獻堂先生紀念集》，卷1，頁28。
㊼ 吳三連：〈緬懷灌園先生的高風亮節〉，《林獻堂先生紀念集》，卷3，頁52-54。

與日本風土民情之差異，以臺灣之特殊化來施行。倘若廢除六三法案，則日本必將其法施於臺灣，臺灣同胞之痛苦將有增無減；並且也會同時承認日本當時所主張的同化政策⑱，中華文化歷史悠久，豈能同化於異族。一方認為六三法案撤廢之後，臺灣應選舉民意代表組成議會，總督所公佈的律令，及總督府的預算及決算，都由議會審議通過後實施，此即臺灣走向自治化路線。但林獻堂認為主張自治，對日本政府刺激過大，宜先用臺灣議會設置請願方式以採取行動。

　　臺灣議會運動之根本思想，自與民族自決，暨民主主義，有不可分之關係。但表面上仍採取合法（根據日本憲法第三十條之國民請願權）程序。其請願之要旨，即為設置：凡在住臺灣者，不問其為日本人與臺灣人，抑或行政區域內之熟蕃人，均得以其所公選之代表者，組織對於依據臺灣特殊事情之法規，以及臺灣之特別預算，具有議決權之特別代議機關，其目的即為要求對臺灣總督之律令，及臺灣總督府特別會計預算，獲得協贊權。⑲

　　第一次臺灣議會設置請願書是在民國十年一月三十日，由

---

⑱ 據葉榮鐘說：「臺灣同化會，係由日本自由民權運動之領袖板垣退助伯爵所提倡者，其目的在於同化臺人。所謂同化之含意，扼要言之，即要求新附之臺人，對日本國家與日人同樣盡其忠誠與義務。同時對臺人，予以與日人同等之待遇，俾能撤銷殖民地與本國之軫域，而分化其民族的意識與情感。……蓋日人所企圖者，在乎使臺人對日本國家盡忠誠，而臺人所希望者，在乎提高與日人同等之地位與待遇。」引自《林獻堂先生紀念集》，卷1年，頁23。

⑲ 引自《林獻堂先生紀念集》，卷1，頁29。

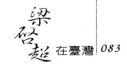

林獻堂得領一百七十八人簽署,經日人田川大吉郎、清瀨一郎
代議士及江原素六議員介紹以提出於日本帝國議會貴族院暨眾
議院。請願後,臺灣總督府大受震撼,於是以御用報紙《臺灣
日日新報》,大肆攻擊林獻堂,大幅報導此請願運動是獨立運
動革命。日本當局認為此既是臺灣人的獨立運動,因此便以種
種方式阻止,雖然經過十五次㊿不斷的請願,中間亦歷經日官
吏的壓迫、取締以及用各種名目迫害、拘留,最後仍以審議未
了決而擱置。在臺參與請願事件的學人亦頻遭迫害,臺灣議會
設置請願運動被迫停止。

　　㈡思想文化

　　1.成立臺灣文化協會

　　臺灣文化協會,係由當時臺灣醫學專門學校之學生所發
起。在民國十年七月,蔣渭水與醫專三、四好友相偕拜訪林獻
堂,向他報告組織文化協會的計畫,並希望請林獻堂能擔任該
會會長,領導文化協會的運動。於是臺灣文化協會便在民國十
年(1921)十月十七日在臺北市大稻埕靜修女子學校舉行創立
大會。爾後以蔣渭水、蔡培火為中心,展開有組織的民族啟蒙
運動。

　　葉榮鐘認為,臺灣議會運動係受歐美之民族自決與民主主
義之影響,而文化協會則係受祖國三民主義與五四運動之影響

㊿ 關於臺灣議會設置請願運動歷次運動的梗概,可參閱蔡培火等
　　著:《臺灣民族運動史》,頁119-159。

較多。臺灣因其地理的、政治的關係，其思想來源，一由日本留學生所吸收之歐美式民主主義；一為透過中國留學生而輸入之三民主義與五四運動之新思想。蔣渭水雖非中國留學生，但與其他醫專出身之同志同樣對祖國之時局極為關懷，對國父孫中山先生極為崇敬，受三民主義之影響最深。唯臺灣議會、《臺灣民報》、與文化協會三者，本係異體同根，其人事關係，亦已交流錯綜，難予區別。[51]

　　文化協會透過種種活動[52]，如會報發刊、設置讀報社、舉辦各種講習會、開辦夏季學校、文化講演會等等激揚民族意識，啟發全民思想，引起非常大的迴響。「文化協會之影響，不但對於統治者，是一項熾烈之民族運動。而臺灣之社會本身，亦發生一種革命作用，就中尤以女子、農民、工人、店員之覺醒，有顯著之提高，其他如迷信打破，衛生思想之普及，向學心之鼓勵等，均有相當之影響。文學上有新舊文學之論爭，在家庭有新舊思想之爭辯。……。自是以後，向來所無之現象陸續出現，如農民對地主，尤其是與製糖會社之抗爭，女子對結婚之主張，工人對工廠主之抗爭，店員對店主之糾紛，甚至學生對學校之反抗等，各方面都有熱烈之反應」。[53]

　　2.創刊《臺灣民報》

　　《臺灣民報》即《臺灣新民報》之前身。《臺灣民報》自

民國九年發行月刊雜誌《臺灣青年》起至民國三十三年以興南
新聞的名義，被迫與其他報紙合併為《臺灣新報》止，擁有二
十五年光輝的歷史[54]。言論機關是近代民族運動最有利的武
器，而真正對臺灣的民眾發生啟蒙與領導的作用，還是《臺灣
青年》發展成為《臺灣民報》之後的事。日本統治臺灣以後，
臺灣所有的言論機關如《臺灣日日新報》、《臺南新報》、《臺
灣新聞》等均操於日人之手，對臺灣的民族運動不予報導，或
者扭曲事實，因此《臺灣民報》的發刊刻不容緩。

　　《臺灣民報》在民國十二年四月十五日發行半月刊第一
號，林獻堂擔任社長，在東京發行，但臺灣總督府對報紙在臺
灣的流佈，大加取締、損毀，甚至扣留、禁止發行達七、八期
之久，後來對閱報之臺人亦予迫害。所以臺灣文化協會才在各
地支部附設讀報處，以供民眾閱讀。後來經過蔡培火等人的努
力，多方交涉，《臺灣民報》亦遷移至臺灣直接發行。

　　《臺灣民報》除了是臺灣人民的唯一喉舌，對臺灣總督府
的惡政加以批評，並對日人的種種歧視加以糾正外，對臺灣社
會亦貢獻良多，於文化的啟蒙上也大有助益，其一是白話文的
輸入與應用；其二是銜接了臺灣的知識分子與祖國五四運動後
的民族精神與思想文化，在新文學運動與婦女自覺運動上亦扮
演提倡與引導的角色。

　　3.推動私立臺中中學的創立

---

[54] 關於《臺灣民報》從《臺灣青年》、《臺灣雜誌》，變成為《臺灣
　　新民報》，甚至是最後被併入《臺灣新報》的過程，可參閱蔡培火
　　等著：《臺灣民族運動史》，頁545-568。

日本統治臺灣初期，對臺灣的教育方針尚未確定。他們認為臺灣落後日本約有二、三十年之久，因此擬定先行普及初等教育。因為缺乏師資，所以於明治二十九年時，在臺北、臺中、臺南創立三個師範學校，全部錄取本省學子，為將來師資之用，亦在以省民執教，提高省民程度，用意頗善。後來到兒玉源太郎督臺，後藤新平為政，一改對臺統治之風，採取對異民的殖民統治政策，教育方針嚴分日人與臺人之別，對臺人教育採取愚民政策，毫無文化發展可言。鑑於日人的不公政策，臺灣學人有能力者，紛紛將子女送往日本留學，以期日後對臺有所貢獻。當時臺灣除了日政府創設的公學校外，沒有中學，只有工業講習所和農業講習所，林獻堂認為這是徒弟教育，毫無學術可言。後大量募款欲以作獎學財團。間有人提議請設私立中學，林獻堂等人遂向督府請願設置五年制的中學。後督府因欲控制學子向外留學之風氣，並創設學校又可予以監督，因此折衷同意由日督府創建四年制學校，名為普通中學校，即今之臺中一中。⑤林獻堂等人此舉對臺灣教育可謂貢獻不斐。

4.對青年學子的影響

在辛亥革命前，臺灣的知識分子除守著四書五經的國學外，無其他文章可讀，因此遺老們只好廣設詩社以維舊學。而梁啟超來臺所發揮的影響，不僅僅對於遺老，就是一般的青年知識分子也受到很大的鼓舞。「他在短短十數日間，不但使全

---

⑤ 請參閱甘得中：〈獻堂先生與同化會〉，《林獻堂先生紀念集》，卷3，頁26-28。

臺的父老們五體投地，景仰禮讚，一般青年智識份子，也頗受到他的影響。所以自是以後，『理想』、『現實』、『目的』、『計劃』，一類的新名詞，就漸漸地被青年人襲用」。⑤梁啟超刺激了青年知識分子的求知慾，促使他們努力地去追求新學問和新思想。

(三)寫實詩風

黃遵憲認為梁啟超的文章之所以大受歡迎，並引起廣泛討論，是因為他寫到了「人人心中所有，人人筆下所無」。楊照認為：「《飲冰室文集》中，梁啟超成功地灌輸了一種切身的危機感和英雄主義給所有的讀者。」他「給予了『救國論述』前所未有的普及性和立即切身性」，而「中國所受的種種打擊，不可能依賴少數人來承受、解決。每個人同樣受到影響，而且每個人都有義務責任加入『新民』的行列。這種全新的普遍主意群眾喊話，使得每句話看來都像是『人人心中所有』」。梁啟超也「不斷援引西方經驗來審視、檢討大家所熟悉的傳統政治、道德文本，不斷提出未來應該調整努力的龐大計畫，讓人感受到對熟悉事物的新鮮再認識」，加上他「使用的文字，增加了傳統中文裏不常見的大量連續被使用法，以及夾雜分析與評斷的強烈語氣，『筆鋒常帶感情』，這實在已經是一種新的語言了」，但讀者「並未意識到自己與這種新語言之間的距離，只覺得『人人筆下所無』，而更為珍惜、更為熱切索讀

---

⑤ 引自凡夫：〈梁任公與臺灣〉，頁27。

離，只覺得『人人筆下所無』，而更為珍惜、更為熱切索讀了」。⑰

　　梁啟超以「筆鋒常帶感情」的寫作原則，加上意境精神的革新，即詩入新意的要求，將寫實風格在其文章言論所到之處蔓延開來。臺灣當然也受到影響，尤其梁啟超在臺灣「以詩代言」所創作的詩詞作品，更是鼓勵臺灣知識分子能表現民族意識，並勇於批評對現實的不滿，遺老們的創作風格也有很明顯的改變。這種所謂「新文體」、「新的語言」的創作表現，儼然成為梁啟超言論思想的特色之一。

五、結語

　　雖然任公遊臺只有短短十數天，考察政績頗為失望，辦報籌款未果，加上又受到日本《神州報》的惡意中傷，哀憤離臺，但對臺灣的影響卻由其與臺灣學人的交遊情誼蔓延開來，對臺灣社會的政治、民族運動的成長，種下了希望的秧苗，並且持續的發酵其石破天驚的魅力。

　　梁啟超遊臺時，正是滿清割臺後滿十六年，因為日人的高壓統治，這十六年等於是臺灣文化的空白時代。葉榮鐘曾說：

　　　當時日人佔據臺灣已十有六年，臺灣與祖國完全隔絕，所

---

⑰ 參閱楊照：〈人人心中所有，人人筆下所無——梁啟超的《飲冰室文集》〉，《中國時報》第37版，1998年7月17日。

謂教育,僅舊式之書房,而日人所施之教育,目的旨在養成便利其統治之工具,除教授日語外,殆無內容可言。故整個臺灣之智識水準,除少數例外,可謂皆停頓在十六年前之狀態。當時知識份子對於近代思想、近代知識,與夫國際情勢,鮮有所知,因任公之來臺,影響所及,如發蒙振聾,此為我臺人受任公影響最大者。其次臺人對於祖國之孺慕,自割臺以後,日益熱切,但在日人淫威下,絕少宣洩之機會。因任公聲望之崇高,號召力甚強,故臺人知識份子鬱積已久之民族感情獲得宣洩之機會,因而感到慰撫與溫存。[58]

因此梁啟超此行就是「對於臺灣這一窪止水,投下一個石頭,使它發生漣漪,對臺人的民族意識予以鼓勵,加強其向心力,對於思想學問方面則有開通風氣、震聾發聵的效果」。[59]我們可以說梁啟超的一小步,是臺灣的一大步。

[58] 葉榮鐘編:《林獻堂先生紀念集》,卷1,頁20。
[59] 葉榮鐘:〈林獻堂與梁啟超〉,《臺灣人物群像》,頁203。

〈附錄一〉梁任公遊臺日程表

宣統三年（1911）

陽曆	陰曆	星期	記事	寓所
三月二十四日	二月二十四日	五	由日本乘笠戶丸啟程	舟中
三月二十五日	二月二十五日	六	憑弔馬關春帆樓	舟中
三月二十六日	二月二十六日	日	發遊臺第一信	舟中
三月二十七日	二月二十七日	一	接獲林獻堂先生電報	舟中
三月二十八日	二月二十八日	二	長女令嫻生日，基隆登陸	日之丸旅館
三月二十九日	二月二十九日	三	考察總督府施政、發第二信	日之丸旅館
三月三十日	三月一日	四	考察總督府施政，遊覽臺北城	日之丸旅館
三月三十一日	三月二日	五	考察總督府施政，遊覽臺北城	日之丸旅館
四月一日	三月三日	六	臺北遺老歡迎會，半夜寫第三信	日之丸旅館
四月二日	三月四日	日	赴臺中，出席櫟社歡迎會	丸山旅館

四月三日	三月五日	一		丸山旅館
四月四日	三月六日	二		丸山旅館
四月五日	三月七日	三	發第四信（丸山旅館）	霧峰萊園
四月六日	三月八日	四	清明，發第五信	霧峰萊園
四月七日	三月九日	五	萊園分韻賦詩	霧峰萊園
四月八日	三月十日	六		霧峰萊園
四月九日	三月十一日	日	別萊園	
四月十日	三月十二日	一		
四月十一日	三月十三日	二	乘讚崎丸離臺，成「桂園曲」詩	舟中
四月十二日	三月十四日	三	發第六信	舟中

參考書目

梁任公先生年譜長編初稿　丁文江編　臺北　世界書局　1959年4月

飲冰室文集　梁啟超著　臺北　臺灣中華書局　1960年5月臺一版

臺灣詩薈　連雅堂編　臺北　臺灣省文獻委員會　1992 年 3 月

廣臺灣詩乘　彭國棟編　臺北　臺灣省文獻委員會　1956 年

新大陸遊記節錄　梁啟超著　臺北　臺灣中華書局　1957 年
　10 月臺一版

林獻堂先生紀念集　葉榮鐘編　臺中　林獻堂先生紀念集編纂
　委員會　1960 年 12 月

梁啟超知交手札　國立中央圖書館特藏組編　臺北　國立中央
　圖書館　1995 年 6 月

梁任公文存　梁啟超著　臺南　北一書局　1976 年 8 月

梁啟超與中國思想的過渡（1890-1907）　張灝著，崔志海、
　葛夫平譯　南京　江蘇人民出版社　1995 年 1 月

覺世與傳世——梁啟超的文學道路　夏曉虹著　上海　上海
　人民出版社　1991 年 8 月

追憶梁啟超　夏曉虹編　北京　中國廣播電視出版社　1997
　年 1 月

梁啟超評傳　吳廷嘉、沈大德著　南昌　百花洲文藝出版社
　1996 年 12 月

梁啟超評傳——筆底波瀾，石破天驚　陳其泰著　南寧　廣
　西教育出版社　1996 年 8 月

梁啟超　李文蓀著，張力譯　臺南　長河出版社　1978 年 1 月

一代新銳梁任公　毛以亨著　臺北　河洛圖書出版社　1979
　年 10 月

梁啟超傳（救國篇）　孟祥才著　臺北　風雲時代出版公司
　1990 年 11 月

梁啟超與近代報業　賴光臨著　臺北　臺灣商務印書館　1971
年 3 月二版

臺灣社會運動史（1913-1936）Ⅰ文化運動　警察沿革誌出版
委員會編　臺北　創造出版社　1989 年 6 月

臺灣社會運動史（1913-1936）Ⅱ政治運動　警察沿革誌出版
委員會編　臺北　創造出版社　1989 年 6 月

臺灣民族運動史　蔡培火等著　臺北　自立晚報社　1982 年 2
月再版

相關文獻

陳逢源　　　梁啟超與臺灣
　　　　　　臺灣文學　第 2 號　頁 70-78　1941 年（昭和 16 年）
　　　　　　9 月

孟　右　　　梁任公臺島吟痕
　　　　　　暢流　第 6 卷第 6 期　頁 20-21　1952 年 11 月

李仲侯　　　梁任公與林獻堂
　　　　　　自由報　第 122-125 期　1961 年 4 月

凡　夫　　　梁任公與臺灣
　　　　　　臺灣文藝　第 1 卷第 1 期　頁 25-28　1964 年 4 月

黃世傳　　　臺灣櫟社詩人與梁任公
　　　　　　中央日報　第 6 版　1965 年 6 月 27 日

燕　翹　　　梁任公與臺灣
　　　　　　臺灣日報　第 8 版　1965 年 11 月 26 日-12 月 3 日

黃得時　梁任公遊臺考
　　　　臺灣文獻　第16卷第3期　頁1-68　1965年9月

黃世傳　梁啟超與霧峰花園
　　　　中央日報　第6版　1965年7月8日

寒　爵　梁任公和臺灣
　　　　徵信新聞報　第7版　1966年5月21日

葉榮鐘　林獻堂與梁啟超
　　　　大華晚報　第5版　1967年2月3日
　　　　臺灣人物群像　頁49-53　臺北　帕米爾書店
　　　　1985年8月
　　　　臺灣人物群像　頁199-203　臺中　晨星出版公司
　　　　2000年8月

黃得時　梁任公與國民常識學會——留存在臺灣的一些珍貴
　　　　資料
　　　　東方雜誌　復刊第1卷第3期　頁66-73　1967年9
　　　　月
　　　　廣東文獻　第6卷第1期　頁51-62　1976年5月

陳漢光　梁啟超與臺灣及其影響
　　　　再生　第3卷第1期　頁14-18　1973年1月

陳漢光　梁啟超與臺灣及其關係
　　　　再生　第3卷第2期　頁23-25　1973年2月

陳少廷　梁啟超對臺灣知識份子的影響——紀念梁啟超百歲
　　　　冥誕
　　　　大學雜誌　第61期　頁9-15　1973年1月

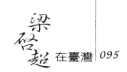

陳應龍　　梁任公遊臺賦詩

　　　　　藝文誌　第 119 期　頁 55-58　1975 年 8 月

陳與公　　梁啟超來臺前後

　　　　　中外雜誌　第 20 卷第 4 期　頁 121-122　1976 年 10 月

林　藜　　梁啟超展印臺灣

　　　　　廣東文獻　第 8 卷第 3 期　頁 42-43　1978 年 9 月

刁抱石　　梁啟超與臺灣及其他

　　　　　暢流　第 62 卷第 6 期　1980 年 11 月

陳應龍　　梁啟超遊臺灣感慨賦詩

　　　　　書和人　第 577 期　頁 1-2　1987 年 9 月 12 日

孫秀玲　　梁啟超遊臺北

　　　　　國文天地　第 5 卷第 11 期　頁 44　1990 年 4 月

謝秋萍　　梁啟超與霧峰林家三傑的臺灣情誼

　　　　　臺灣文學觀察雜誌　第 8 期　頁 28-37　1993 年 9 月

詩壇小卒　梁啟超臺北雜詠拾遺

　　　　　臺北文物　第 4 卷第 4 期　頁 24-26　1956 年 2 月

耘農　　　梁任公遊臺函牘及詩詞

　　　　　民主中國　第 2 卷第 2 期　頁 18-19　1959 年 1 月

陳世慶　　梁任公遊臺吟集

　　　　　臺北文物　第 8 卷第 1 期　頁 48-53　1959 年 4 月

馮用　　　南海先生有關臺灣詩文

　　　　　臺灣文獻　第 19 卷第 1 期　頁 113-114　1968 年 3

月

許天奎　　鐵峰詩話・梁啟超

　　　　　鯤海粹編　頁 208-209　臺北　中華民國臺灣史蹟
　　　　　研究中心　1980 年 3 月

宇文卒　　相思樹底說相思，多情應解思公子——讀梁啟超
　　　　〈臺灣竹枝詞〉

　　　　　國文天地　第 5 卷第 11 期　頁 118-120　1990 年 4
　　　　　月

辜鴻銘在臺灣

林慶彰 *

　　辜鴻銘（1857-1928）是清末民初的大儒。他曾留學英、
德兩國，更在留學期間遍遊歐陸各國。他精通多國語言，對德
國和日本思想，也有相當影響。可惜，由於他的著作大多用英
文撰成，流傳並不廣，國人對他的了解相當有限，大抵停留在
納妾、嗜癖小腳、留辮子等遺聞軼事上面而已。而尊敬他的
人，則稱他為「怪傑」，蔑視他的人，則稱他為「怪物」。

　　近年研究他的著作陸續出版，如伍國慶編《文壇怪杰辜鴻
銘》（長沙：岳麓書社，1988 年 10 月）、黃興濤有《文化怪傑
辜鴻銘》（北京：中華書局，1995 年 5 月）、孔慶茂有《辜鴻
銘評傳》（南昌：百花洲文藝出版社，1996 年 12 月）、嚴光輝
有《辜鴻銘傳》（海口：海南出版社，1996 年 12 月）、姜克有
《學貫中西，驚世奇才——辜鴻銘傳》（合肥：安徽文藝出版
社，1997 年 11 月）、李玉剛有《狂士怪杰——辜鴻銘別傳》
（北京：華夏出版社、1999 年 2 月）、黃興濤有《閑話辜鴻銘》
（桂林：廣西師範大學出版社，2001 年 1 月）等。這些書對他
在留德的事蹟，並未有詳細說明；即民國十三年（1924）底來

* 林慶彰，中央研究院中國文哲研究所研究員。

臺講演，大多數的書也都語焉不詳，對了解辜氏的行事和思想，不免有些許缺憾。

辜鴻銘 像

一九九四年底起，筆者開始編輯《日據時期臺灣儒學參考文獻》①，發現各報刊中有不少辜鴻銘來臺訪問的報導，二○○○年初起，經一年多的努力，輯成〈辜鴻銘來臺相關報導彙編〉，發表於《中國文哲研究通訊》十一卷三期（2001 年 9 月）中。這篇〈辜鴻銘在臺灣〉即根據這些資料撰寫而成。

一、臺灣新聞界的預告

辜鴻銘是大正十三年（1924）十一月二十二日來臺的。在抵臺之前，《臺灣日日新報》對他的來臺已充滿期待。十一月十九日已刊載辜氏照片一幀，旁有標題「近く來臺する支那碩儒辜鴻銘氏」（最近要來臺的中國大儒辜鴻銘），一方面宣告辜氏要來臺的消息，另方面也讓讀者知道辜氏的長相。

大正十三年十一月十九日《臺灣日日新報》有「碩儒辜鴻銘氏二十二日扶桑丸にて來臺」（大儒辜鴻銘，二十二日乘扶

---

① 該書分上、下冊，2000 年 10 月臺北臺灣學生書局出版。

桑輪來臺）的報導。該報導說，關於辜鴻銘博士的思想、主
張，因許多報紙已有介紹，所以將說明辜博士從不為人知的事
情。所謂「從不為人知的事情」是指什麼？

第一件事情，是指即使到了民國十三年，辜鴻銘還是留著
辮髮。他在英國讀書時，有一天在一家旅館上廁所時，女服務
生向他說：「這裏不是女用的。」可見服務生以為辜鴻銘是女
生。辜氏非常生氣，也把辮子剪掉了。

第二件事情，是說辜鴻銘所以會愛日本、讚歎日本，是因
為他在廣東一家酒樓救了一位日本少女，後來還跟這位少女結
婚。

第三件事情，是說辜鴻銘的英文非常好，雖然沒有像泰戈
爾用英文寫詩獲得諾貝爾獎，但他把中國思想巧妙地譯成英
文，所譯的英文，有時比用漢字原文更能表達思想意涵。所譯
的《論語》，比讀漢文《論語》更能感覺到孔子的新生命。他
的英文著作相當有名的是《尊王篇》、《春秋大義》、*Oxford in
China* 等。

大正十三年（1924）十一月二十三日的《臺灣日日新報》
又刊載辜鴻銘照片一幀，旁有標題「けふ來臺した辜鴻銘氏」
（今日來臺的辜鴻銘），表示辜氏已來到臺灣。

從大正十三年（1924）十一月二十四日起，至二十六日
止，連續三天，《臺灣日日新報》有「漢洋學の大家、辜鴻銘
氏略歷」，比較詳細的介紹辜氏的事蹟，希望藉這三天的報
導，讓讀者了解辜氏的學經歷和在學術上的貢獻。

十一月二十四日的報導說，辜博士的祖先是福建人，他的

父母移民到馬來亞的檳榔嶼。辜博士從小就很聰明,當時住在
檳榔嶼的蘇格蘭人 Volks Scot ,很欣賞辜氏的才華,就把他帶
到英國,就讀 grammar school ,後來考上愛丁堡大學,畢業
後,又到德國柏林留學,就讀Polytechnische Schule 。②在德國
留學期間,遍訪歐洲各國,二十六歲回到中國。

回國後,又開始學習中國傳統學問,漸漸熟悉中國的事
情。後來,擔任 Mercury 報社的記者,把中國消息譯成英文。
之後,擔任張之洞的幕僚。中日戰爭時,他跟唐紹儀被派遣到
上海,擔任招募外債的工作。張之洞任軍機大臣時,辜氏升任
為郎中。義和團事件以後,清政府在黃浦江設浚渫局,他代表
中國政府管理事務。因與外國技師意見不合,遂辭職,轉任上
海南洋公學教授。

辛亥革命爆發後,辜氏站在清朝這邊,主張君主立憲,但
當時主張共和政體的氣勢銳不可當,對君主立憲反感的人越來
越多。辜氏堅持自己的想法,遂辭去教授的職位。後來在北京
大學教英文,有時向報紙投稿。

以上是二十四日《臺灣日日新報》對辜氏學經歷的介紹,
接著特別推崇辜氏的外語造詣。該報導說,辜博士通曉拉丁、
希臘、希伯來等語言所寫成的古典作品,擅長英、法、德、義
等國語言,他因長期受英國式的教育,熟悉構成現代英國文明
的科學文明,對英國文學造詣最深,是英國文學的權威。他自
己所寫的英文,雄渾莊重、識見卓拔,富於幽默和諷刺,且引

---

② 辜鴻銘到德國留學的詳細情形,各研究專著說法有相當的出入,
《臺灣日日新報》的報導,也語焉不詳。

證相當賅博。常常自由自在地引用西方的大思想家、大哲學者、大詩人的議論。而且，把論旨理解得相當透徹，不說服人絕不停筆。所以該報導說：「關於英文文學，他大概是東方首屈一指的人，據說英國人或美國人也無法與之匹敵。」

十一月二十五日的報導，仍在稱讚辜鴻銘對東西方文化的了解。該報導說，現代中國和日本，可能也有精通東西方學術文明的學者，但能像辜博士徹底體會東西文明，衡量其優、缺點，能向歐美人侃侃而談的世界性思想家、文章家則很少。也因此，外國人不認為辜博士是中國人，也不將他視為歐洲人，而把他當成世界人。

該報導談到辜氏作《尊王篇》的經過說，平定長髮賊有功的彭國霖臥病在床的時候，西太后屢次賜給彭國霖藥品和食物，彭國霖每次都感激涕零。辜鴻銘在廣東當張之洞幕僚時，聽到這故事，深受感動，就寫成了《尊王篇》。③該書的英文非常優美，且賅博地引用希臘、拉丁、英國、德國、法國等國的詩人、哲學家，以及中國古代名家的文章。很令人佩服。

該報導最後概括辜氏的思想學問有下列幾個特點：

1.他多年在外國研究西方的歷史、文明，看透其真相和缺點。

2.他回中國以後，開始研究祖國的學問、思想，而且以張之洞為師，很受感化，因此能理解東洋文明的優點。

3.他認為中國的制度非常適當，而且為清朝君主的重情義

③《尊王篇》今收入黃興濤等譯《辜鴻銘文集》（海口：海南出版社，1996年8月），上冊，頁1-185。

所感動。

4.他透過日本籍的夫人，了解日本的歷史和道德，結果成為憧憬日本精神、文明的人。

5.中國同胞不知本國已具有崇高而美善的精神文明，徒然醉心於西洋物質文明，且胡亂模倣西洋的制度，讓國運瀕臨危殆，辜氏對此深感憤慨。

十一月二十六日的介紹，首先即認定辜氏的思想是保守主義，和現在流行的民主共和政治、物質文明並不協調。接著該報導敘述物質文明凌駕道德文明所產生的害處。由於物質主義、軍國主義越來越興盛，導致發生世界大戰，殘害了數百萬人民，也破壞了巨大的財富。過去數世紀所建立的文明，轉瞬間就崩潰了。由於這一慘痛的經驗，各國拚命依靠國際聯盟、華盛頓會議等來維持國際的和諧，但還沒找到可帶來永久和平的方法。

辜氏以為盲目陶醉於西方文明的結果，只注重外表的物質生活，精神生活將被破壞。他說，日本的執政者、教育家、宗教家和有識之士正在苦思如何因應時代思潮，妥善引導國民生活。辜氏的看法是，要將中國的倫理道德，印度的哲學、宗教，好好地加以理解，然後，採取歐美文明的優點，建設融合東西的新文明、新道德，不但協助本國人，也應該對人類的和平幸福作出貢獻。辜氏對日本人的要求，一言以蔽之，就是不要一直醉心於西方文明，要發揮東洋文明的根本意義，並實際加以應用。而且，復興中國文明是日本人的神聖職責。

以上是《臺灣日日新報》在辜氏來臺前後，對辜氏學經歷

和思想的介紹。從文中的描述，辜氏不但是文化的保守主義者，對日本國的期待，幾近是一種幻想。這種對日本人不當的鼓舞，也增強了日人的自信心，逐漸培養出以天下為己任的責任心，把侵略他國認為是在拯救對方於水火之中。

二、辜氏訪臺行程

由於現有研究辜鴻銘的著作，對辜氏來臺都僅在一九二四年記載說：「年底，應族弟辜顯榮之邀，到臺灣演講孔子學說，旋返國。」辜氏在臺灣的行程如何，根本沒有一本著作談到。為讓讀者能先了解辜氏在臺的行程，爰根據筆者所編〈辜鴻銘來臺相關報導彙編〉，作成此表。

大正十三年十一月二十二日

與大東文化協會東中將乘扶桑丸抵臺。

十一月二十四日

上午十時，訪問總督府，由法水外事課長接待，並與後藤總務長見面。十一時離去。

下午六時，在梅屋敷為辜鴻銘、東中將開歡迎會。與會者有後藤長官，及總督府各部局長、各官衙學校長、民間名士，計九十餘人。歡迎會在九時半結束。

十一月二十八日

下午，與辜顯榮、楊松二拜訪《臺灣日日新報》總社，與井村總經理閒談片刻後離去。

十二月一日

　　下午四時，汎太平洋俱樂部在鐵路飯店舉行例會，邀辜鴻銘作特別演講。參加者有八十人。六時結束。

十二月二日

　　上午十時，參觀臺北第三高等女學校、第一中學校。

十二月三日

　　參觀高等商學校。

十二月四日

　　上午十時半參觀臺灣商工學校和總督府中央研究所。中午離去。

十二月五日

　　休息。

十二月六日

江山樓

　　下午二時，由臺灣教育會和東洋協會臺灣分部，在醫學專門學校講堂，演講「東西教育的異同」。參加者一千二百多人。會後由總督府設宴招待。

十二月七日

　　下午四時半，赴臺北江山樓參加由臺北瀛社所舉辦的宴會，八時結束。

十二月八日

　　下午五時，參加大正協會在江山樓舉行的宴會。

十二月九日

　　參觀專賣局博物館。

十二月十日

　　下午十時八分，從臺北出發南下。

十二月十一日

　　晨，到達臺南。先赴黃欣家稍作休息，中午在公會堂參加歡迎會。

　　晚七時，應臺灣彰聖會邀請，在公會堂作演講。第二中學竹田教諭通譯。聽眾有四千餘人。

十二月十二日

　　由黃欣陪同，參觀臺南市內名勝、古蹟、學校。

十二月十三日

　　由臺南赴鹿港。午後到達臺中。下午四時在公會堂舉行演講會。晚參加在香園閣舉行的宴會。

十二月十六日

　　回臺北。

十二月十八日

　　參加階行社舉辦的招待會。

十二月二十一日

　　由臺北出發到廈門。

三、論東西教育的異同

　　大正十三年（1924）十二月六日下午一時半，辜鴻銘應東
洋協會臺灣支部和臺灣教育會的邀請，在醫學專門學校講堂，
演講「東西教育的異同」，講稿刊於大正十三年（1924）十二
月七、八、十日的《臺灣日日新報》中。茲根據該報刊載的內
容，略述辜氏所述東西教育的異同。

　　辜氏一開始即說，歐戰以後，思想有很大的變動，邪惡的
思想一直不停地破壞善良的道德。要如何導正這混沌的社會，
改善人類的心靈是當前必須同心協力的事。

　　要如何改善人類的心靈？辜氏以為必須依賴教育的力量。
他認為教育是社會的根基，引中國古語說：「有端正的學術，
然後才有好風俗。有好風俗然後才有好政治。」他認為教育是
絕對必要的。而把教育分成普通教育、高等教育（自由教
育）、專門教育（職業教育）等三個領域。

　　辜氏認為教育中當以道德教育最為重要。他敘說歐洲在羅
馬帝國滅亡後，因 Corsica 蕃族入侵，歐洲傳統文化被推翻，
出現所謂黑暗時代。這個時候基督教承擔起教化的責任。基督
教的傳教師用《聖經》來教導人民善良之道，把殘酷的歐洲蕃

族引導到善良的方向。結果歐洲的人民不僅變得善良，也使他們變得愛好雅美。辜氏又以為要使人民善良，必須讓他們知道何者為善，何者為惡。能夠教他們這種道理的，就是道德教育。辜氏以為孔子教學生文、行、忠、信四道，其中以正行最重要。這正好與歐洲的情況相呼應。現在的歐洲所以陷入動盪不安的局面，是因為他們一味重視科學教育，而忽略了道德教育的重要性。

辜氏強調道德教育的重要性之後，他分析歐洲在黑暗時代以後，由於基督教傳教士的努力，文學、哲學、藝術等都再度興盛起來。也實施所謂的自由教育（liberal education）。所謂自由教育是修完普通教育的學生，再依哲學、文學、政治學、法理學等專業，施予高等教育，然後授予碩士學位。辜氏認為這種自由教育，使歐洲人民進步神速，也給了人類美好的教育。辜氏又認為自由教育，相當於中國的儒學，「儒學」就是人類所需的學問，英文的 humanity 相當於中國的儒。自由教育本來也是以 humanity 為本義的。

最近五十年雖也稱之為自由教育，其實是積極實施專業教育（職業教育），而忽視了道德教育。雖然出現了各式各樣的學者、專家，並沒有出現善良的人。辜氏認為由於忽視道德教育，只出現一些機械式的人類，結果思想惡化，社會主義、共產主義、無政府主義接踵而起，派系接著產生，政治也成為官僚的私有物。這是辜氏長年觀察西方教育體系的心得。

至於東方的教育，辜氏先舉中國古代的教育為例。他認為漢代以道德教育為主，要求人要端正行為。唐代則重視文藝教

〈東西教育的異同〉

育，宋代的教育則太過嚴格。到了現代，實施和歐美一樣的專業教育。人們祇能依照考試來決定職業。職業教育的弊病也跟著出現。辜氏認為：「現代的學生只是機械式地學習孔孟之教誨而已，不能理解其中真實的意義，所以他們所受的學問，只不過是一種形式的學問而已，所以才會產生現今的弊病。」這是對中國模仿西方職業教育，而無法體會傳統教育內涵所造成的弊病。

辜氏又說到在歐美各國和日本，都有設備齊全的專業學校，專業教育施行相當澈底。可是，在中國這種專業學校非常少。要學做生意就直接進入那行業，從中學得做生意的方法，辜氏以為中國人雖沒有受過專業教育，卻在世界上到處活躍，也賺了不少錢。那些受過專業教育的歐美人、日本人並不能超越他們。

依上述辜氏的說法，似乎不覺得專業教育有絕對的必要性，其實辜氏的用意是要強調專業教育的重要性已人人皆知，可以不必再過份強調。當今要大力推動的是文藝教育，以培養富有雅趣的善良人民作為教育的急務。當辜氏在臺訪問時看到

學校硬體設備富麗堂皇，好幾次吃了一驚。但是，他對學校祇
實施專業教育，而忽略文學教育則深不以為然。他對中央研究
所有造詣很深的學者、專家從事專業領域的研究，對社會做了
相當的貢獻，感到很高興。

　　但辜氏認為一個高尚的社會不能祇由這些人構成，他說：
「可是當我想像到社會只是由這些埋頭研究預防白蟻、毒蛇或
蛇毒而已的人們構成的時候，我自然覺得害怕。」辜氏害怕社
會失去了平衡。要與專業教育取得平衡，就必須強調文藝教
育。

　　辜氏以為實施文藝教育，不必以西方文藝為模範。因為在
中國和日本本來就有極崇高的文藝。辜氏特別強調東方人應依
據東方傳統的文藝來培養崇高的人格。在中國文化中最值得誇
耀的是孔子的教誨。最重要的著作是《大學》，其中有「明明
德，新民，止於至善」。辜氏認為這是東洋教育的根本方針。
此一教育方法不但可用在東方，也可以用東方的文藝推廣到歐
美各國。

　　總之，辜氏以為歐美重專業教育，造成忽視道德的弊病。
東方雖受歐美影響也重視專業教育，但東方有傳統的文藝教
育，可培養崇高的人格。此點可推廣到歐美社會。

四、振興中國需靠綱常名教

　　大正十三年（1924）十二月七、九、十日的《臺灣日日新
報》刊有署名「讀易老人」的〈綱常名教定國論〉。這篇〈綱

常名教定國論〉，也收入大正十四年（1925）日本大東文化協

會印行的《辜鴻銘講演集》④中。按常理來判斷，辜氏在日本

所作的演講，應是白話文。這篇〈綱常名教定國論〉是文言

文，應是辜氏的原稿。當時編《辜鴻銘講演集》時，以該文為

原稿，故一併收入。該文既刊載於《臺灣日日新報》，也成了

他訪問臺灣事蹟的一部分，故一併加以討論。

　　該文一開頭就語出驚人地說：「予謂今日之中國，不廢共

和政體，國不可一日安也。」認為共和政體是今日中國動亂的

根源。他曾將因共和政體而來的政客比喻為沿街拉客的娼女，

辜氏說：

　　今政體為共和，則必設國會立議院，伴此而起者，則必有

　　政客。政客以巨大之權利為目的，而利用有力者俾為我

　　用，勢去則又顧而之他，實與游街之倡沿途拉客，迎新送

　　舊，以求夜合之資者無以異。

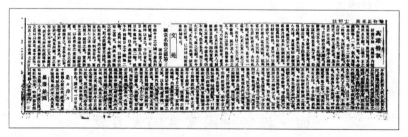

〈綱常名教定國論〉

④《辜鴻銘講演集》今收入黃興濤等譯《辜鴻銘文集》，下冊，頁
　234-265。

而典型的政客，則是辜氏的好友唐紹儀。辜氏批評唐紹儀說，革命初期，唐投靠袁世凱，因不安於室，為袁世凱所棄。後到廣東，與岑春煊相合。不久，被岑所逐，又來北方投靠段祺瑞，納入安福俱樂部⑤，辜氏以為唐紹儀「與游街拉客之倡何以異」！

辜氏又說，辛亥冬，唐在上海投革命黨的次日，他曾在某西人處，面責唐紹儀說：

> 予面責之曰：「君為大清臣子，位至二品，富有巨萬，何莫非朝廷之賜？今負恩背義，何以為人？」唐曰：「君所言當矣，然此舊思想，不能行於今日。」予曰：「行義則榮，行不義則辱，烈女不事二夫，忠臣不事二君，此天下之通義，不論古今，不今中外，不能舍是理也。」

顯然辜氏是要以傳統倫理道德來規範唐紹儀，唐氏並不願意接受。辜氏與唐紹儀本是舊交，唐「平時頗負志氣」，至今所以不知順逆榮辱之分，是因西洋異學所誤。辜氏引路斯肯（即羅斯金）的話說：「今日我歐美學術，大凡只足以誤學者，使其全不知綱常倫理之為何物。」唐紹儀因受西學影響，全不知綱常倫理，所以才會有如此乖異的行徑。唐氏雖如此不堪，辜氏

---

⑤ 段祺瑞指使徐樹錚，於民國七年三月七日在北京安福胡同成立的利益團體，目的在操縱國會選舉。詳細情形，請參見《中國現代史辭典——史事部分》（臺北：近代中國出版社，1987 年 6 月），第 1 冊，頁 359。

以為如與孫文、伍廷芳、梁啟超、熊希齡等「悍然禍天下,而自以為得計者」相比,仍略遜一籌。

在辜鴻銘的心目中,唐紹儀雖可惡,但好比鄉曲少女,「以性好繁華修飾,致不知賣倡為辱,故竟墮落耳」。有比唐紹儀更為不堪者,即梁啟超。辜氏藉沈子培的話批評梁啟超說:

> 予往在上海,見凤儒沈子培先生,問若梁啟超者,尚可再登舞臺否?沈先生曰:「惡瘡遍體,誰更悅此河間婦者,即段祺瑞亦且唾棄之矣。」

可見在辜氏的心目中,梁啟超這種政客更下唐紹儀一等。⑥

接著,辜氏陳述督軍和政客如何為害中國。所謂督軍,即各省軍事長官,他們魚肉良民,與政客狼狽為奸。辜氏先痛斥政客之為害說:

> 今之論國事者,輒曰督軍害國,固已知政客之罪,更千百倍於督軍。故今日之亂源不在督軍,而當坐此無恥背義怙利競亂,行類倡伎之政客也。故若今日無政客,雖有督軍無能為矣。

意思是說,大家都譴責督軍害國,其實政客之為害更千百倍於

---

⑥ 有關梁啟超與民國政治的關係,請參考張朋園:《梁啟超與民國政治》(臺北:食貨出版社,1981年11月再版)。辜氏的批評,僅是他個人的看法,未必客觀。

督軍，如果沒有政客，督軍也起不了作用。而督軍則與袁世凱
的北洋政府相勾結，辜氏說：

> 今日之督軍即利用此機關，內則勤捐於民，外則借債於各
> 國，腋削國家之元氣，以自私造洋樓，擁艷妾，乘汽車，
> 殖貨財。而所謂政客，實陰操縱之，所利又倍蓰，而國與
> 民交病矣。

這段話道盡督軍之禍國殃民，而督軍所以能如此，是因為與政
客相勾結的緣故。所以辜氏痛心的說：「故欲存今日之國，必
先廢督軍，欲廢督軍，必先斥政客，欲斥政客，必先去共和政
體而申綱常名教。非如此，國不可一日安也。」辜氏論述至
此，才正式提出綱常名教可以救國。

辜氏所謂「綱常名教」是指什麼？即孔子的春秋大義。他
認為這大義即中國與日本之真憲法，是東方文明的根本。而這
春秋大義，即西方政治家所說的正統，中國又稱為名分大義。
辜氏以為：

> 夫欲治今日之中國，名分不正則令不行。而所謂名分正
> 者，譬女子之為適室者，雖庸弱無威嚴，但恃其名分正，
> 位乎內，家人臧獲，靡弗敬謹受命。一家然，一國亦然。

辜氏以一家之嫡妻所以能使人敬謹受命，是因為名分正的緣
故。他又舉美國總統由民間選擇，因名分正所以能號令行。反

故。他又舉美國總統由民間選擇，因名分正所以能號令行。反過來問，中國何以號令不行，是因為袁世凱的名位是以篡逆得之，「名分出於盜竊」的緣故。袁世凱以後的選舉，也非真正的民意，而是政客與督軍相勾結，以詐力賺得。因為有共和政體當舞臺，政客和督軍才有演出的場所，所以辜氏主張廢除共和政體。

　　辜氏又以日本為例，日本行憲政、設國會後，政客也蜂湧而出。但日本政客終不能為害國家，是因有日本天皇正大的名分的緣故。日本議院鬥爭激烈，日本政府可以將之解散，就是因名分正。反觀中國，總統下令止兵，兵卻不可得而止，就是名分不正的緣故。辜氏更曾請求日本友人共同申春秋大義於天下，辜氏說：

　　僕嘗與東友言，貴國全國之國民應本大正年號二字，顧名思義，知日本所以立國之道，本我東方數千年來祖宗遺傳之綱常名教，更當念同文同種之義，推廣此旨，以與我國人士共維持此綱常名教，以申春秋大義於天下，俾亂臣賊子絕跡於天下，攘示標範於世界各國，此固我兩國人士之大任也。

辜氏希望日本人能念同文同種之義，和我國人士共同維持綱常名教，申春秋大義於天下。

　　文末辜氏再一次強調日本今日所以能立國，不受外人侵侮，是因為維新之初士大夫能明尊王攘夷之大義。辜氏云：

「夷者非黃種白種之謂,忘恩悖義之人如今日優娼政客,不知綱常之武人是也。優娼之政客,即孔子所謂亂臣;不知綱常之武人,即孔子所謂賊子。二者不去,不僅東方不安,環球亦無寧日矣。」由於政客和武人,在中日兩國都有,所以辜才會說,不剷除這兩種人,不僅東方不能安寧,環球也永無寧日。

五、臺灣學者的反響

辜鴻銘是大正十三年(1924)十二月二十一日由臺北返廈門的,前後在臺整整有一個月之久。他在臺灣各地訪問,掀起了一股旋風,尤其十二月十一日在臺南公會堂所作演講,到場聽講者竟有四千多人。⑦其盛況可見一斑。但也有不少臺灣的知識分子對辜氏的見解無法苟同,在辜氏回中國之前即已在報上為文反駁。最有代表性的是張我軍(一郎)和署名華罪魁的兩篇文章。

張我軍的文章,刊於大正十三年(1924)十二月十一日的《臺灣民報》,篇名作〈歡送辜博士〉。該文首先用調侃的語氣說:「我生怕那老受不慣這樣的熱狂的歡迎,以致惹出病來,設或不幸,又因病而不得不把一堆老骨骸埋在此異地他鄉,那就太可憐了!」為了澆澆這股狂熱,張我軍想送辜氏一服「清涼解瘟散」,就是要批評辜氏,消一消這股狂熱之氣。

---

⑦ 見大正十三年(1924)十二月十四日《臺灣日日新報》,報導〈辜博士蒞南〉。

灣，提倡東洋文明，鼓吹東洋精神。……反過來說，便是要排斥西洋的精神、西洋的文明」。然後，張氏分析說，東洋文明有東洋文明的好處，西洋文明也有他的好處，處在今日之時世，當取長補短，不該拘執一方。他認為日本之所以能成為世界三大強國之一，「與其說是東洋文明之力，倒不如說是東西文明之合力。與其說是東西文明之合力，倒不如說是西洋文明之力」。張氏強調這絕不是他一個人的看法，乃是世人所公認的事。凡是有良心的日本人，都得承認伯爾利卿⑧是日本國的恩人。假使明治皇帝堅持採鎖國主義，而不接納西洋文明，那麼，現在的日本，和現在的中國也相去不遠。

事實既如此，而辜鴻銘卻要把日本強盛的功勞盡歸於東洋文明身上。所以辜氏才說：「東洋文明之粹盡集在日本，日本人才是真正的中國人。」辜氏的用意是說，日本人有今日之強盛，是因為存著東洋文明所致，而中國所以有今日之衰弱，是因為沒有存著東洋文明。張氏對這些論點不滿地說：「雖然我們也承認日本還保存著東洋文明的一部，但日本之所以能致今日之強盛，決非東洋文明之力。」

在這篇文章的結尾，張我軍以極不耐煩的語氣說：「夠了！受夠了！我們臺灣已用不著你來鼓吹東洋文明，提倡東洋

---

⑧ 即彼里（Perry, Matthew Calbraith, 1794-1858），美國海軍准將，東印度艦隊司令，1853 年（嘉永六年）率軍艦四艘抵日叩關，在久里濱將美國總統費爾摩爾給德川將軍的親筆函交給浦賀奉行，要求日本開國，翌年，再率軍艦八艘駛入江戶灣，迫使江戶幕府與美國簽訂《日美和親條約》，開港通商。打破了日本長期閉關鎖國的狀態，日本因此被迫開放國門。

精神了。我們臺灣的東洋精神、東洋文明，是嫌其太多不嫌其太少呵！辜老先生，你還不覺得東洋文明或精神之不合現代人的生活麼？你還不承認東洋文明或精神，誤了中國麼？要記得！輸入西洋文明太遲的中國，是被東洋文明弄壞了的，而且連你本身也被牠弄得無可容身之地，如此你還想不夠嗎？你還想帶牠來弄壞日本，弄壞臺灣嗎？」張我軍是個西化論者，他這一番慷慨激昂的話，辜氏看了一定很難過。最後，張氏向辜博士說句誠實的話：「我願請一陣東南風，送你一帆風順，歸到中國去！」用句比較粗暴的話，就是「辜博士，回你的中國去吧！」

除了張我軍一文外，同期的《臺灣民報》另有華罪魁題為〈空望復辟之辜老博士〉一文，首先對辜氏的出身和擔任官職作一番嘲弄，甚至連他的博士名號也拿來作文章說：「其鼎鼎博士名號，吾尚未知博於何科。文學歟、政治歟，其亦經濟動植歟，視《臺報》之所云，乃屬文學大家，其為文學博士耶也。」

然後，文中對辜鴻銘來臺的目的，提出質疑說：

其來臺也，說有其大造於臺人，要作臺人思想之先導。而臺人亦渴望其有以教之導之，吾不知其將欲何以以教之而導之也。若以其之思想以教導之，而其思想已陳朽不堪用矣，若以東亞文明以教導之，而東亞固有之文明，吾等已知之深，而識之熟矣，何用其導為。

華氏的文章提到臺人很願意接受辜氏的教導，但辜氏要以什麼來教導臺人呢？如以辜氏的思想來教導臺人，那他的思想太陳腐，已不堪用。如以東洋文明來教臺人，則臺人已「知之深」、「識之熟」，何必靠辜氏的教導。華氏更認為辜鴻銘的頭腦與思想，為十六世紀之陳物。

對於辜氏想藉武力促成復辟之成功，華罪魁更對辜氏大加撻伐地說：

> 當今時勢之趨向，日新月異，一日千里，若不之知者固可言也。其為中國人、中國之內容、中國人民之志向，豈亦不之悉也。在今日之中國，復辟可能再現，武力尚可期於成功與否，雖在中國之婦孺，已知其一二，何況為大名鼎鼎之博士乎。其發此言也，不過為其受知遇之恩，以圖一報，而盡功狗責任之夢想耳，其所說，一篇之論調，乃夢想中之囈語而已。

華氏以為想用武力完成復辟，中國人皆知不可能，不知大名鼎鼎的博士何以有這些說法？並質疑辜氏的說法是要感恩回報清朝，略盡功狗之責任。華氏更很不客氣的對辜氏說：

> 若其抱有忠君之果志，當早殉清室以俱亡，不可留跡人間，希冀復辟之有日，而享榮福，倘或貪生怕死，亦宜入山披髮，了你殘年，有何面目，見彼中華黃帝之孫子？

華氏勸辜氏如有忠君之心，就早點「殉清室以俱亡」，不要再等復辟後重享榮華富貴。如果貪生怕死，也應該入山披髮，了卻殘年。這些話都有相當露骨，對辜老博士頗不懷好意，不知辜氏看了，作何感想？

　　華氏更勸告辜氏說：「望勿以思想先導而自居，污我臺灣之人腦，而暴露中國之穢聞，臺灣幸見，而中國亦幸甚矣。」

相關文獻

林慶彰編，藤井倫明譯　辜鴻銘來臺相關報導彙編
　　　中國文哲研究通訊　第 11 卷第 3 期（總第 43 期）
　　　頁 167-212　2001 年 9 月

郁達夫在臺灣

范佳玲 *

一、好消息傳來

「郁達夫要來臺灣！」「《沈淪》的作者郁達夫要來臺灣
了!! 」郁達夫要來臺灣的消息，有如石頭投入水中一般，在
臺灣的文藝界泛起一圈一圈的漣漪。對於這個在祖國名號響徹
雲霄的文人，臺灣文藝界無不想一睹風采。臺灣當時雖然正處
於日本殖民統治，但文壇卻一向深受祖國的影響；對於五四運
動以來中國新文學的發展，更是關心。而郁達夫正是新文學的
代表作家，更何況他是一個以反對帝國主義、提倡「國防文學」
著稱的愛國文人。對於在日本統治下，片刻不能自由呼吸的臺
灣人而言，這位祖國愛國作家的來訪，的確是一個令人既期
待、又興奮的消息。

自從「郁達夫要到臺灣訪問」這個極有利的消息被新聞媒
體報導出來後，就深刻地烙印在臺灣文學界人們的腦中。不論
是在路上的偶然相逢、書信的往來、或是定期的聚會上，人們

* 范佳玲，臺灣師範大學國文學系博士生。

總是談論著這個消息。隨著
一次次的提起，渴望會見郁
達夫的念頭也越來越深刻、
越來越強烈。

郁達夫 像

　　然而，這個消息在臺灣
流傳了半年多，卻始終不見
郁達夫的到來。臺灣人對於
這個消息不禁開始懷疑了…
…，「郁達夫會來嗎？」「日
本政府有可能會讓他入境
嗎？」「怎麼這麼久都沒有進
一步的消息，會不會是誤傳啊？」由興奮到期待，由期待到懷
疑，由懷疑到失望……，就在臺灣人即將絕望之際，郁達夫終
於來了！郁達夫經由日本到達了臺灣！臺灣人引領企盼已久的
郁達夫，在基隆港上岸了！整個臺灣文藝界籠罩在一股歡愉興
奮的氣氛中……。

二、重頭說達夫

　　郁達夫出生在 1896 年 12 月 7 日富陽城的書香之家，在他
出世時，家境已經開始走下坡。父親在他兩歲時過世，家中的
經濟更顯困窘，幾乎可以說是一貧如洗。鄰居親戚欺負他們母
老子弱，將幾畝薄田都霸佔瓜分了，全家的經濟全靠母親一個
人支撐，生活備顯艱辛。從小郁達夫就在飢餓的恐怖中渡過，

再加上兩個兄長與他的年齡差距極大，孤單的郁達夫，養成了憂鬱寡歡的性格。

　　雖然家裏的經濟相當貧困，但是母親還是堅持讓三個小孩接受教育。在家鄉讀完五年的私塾後，郁達夫便進入富陽縣立高等小學堂就讀。在這裏，他所接受的是西方的新式教育。學校的課程除了英語之外，還包括了許多近代科學的知識。在學堂裡，雖然郁達夫的年齡最小，但是他的成績卻非常的優異。在讀完一年後，他即因平均分數超過八十分，直接跳級，進入高兩年的班級裏。雖然郁達夫對於課業都能應付自如，但是與同年級學生的年齡差距，卻使他感到分外的孤單。

　　三年後郁達夫自高等小學堂畢業，陸續就讀過嘉興府中學、杭州府中學等學校，後因辛亥革命爆發而終止。不久，為了補強英文，他進入美國教會學校就讀，但是教會學校強迫信教的規定，卻讓他幾乎窒息。之後，學校發生罷課運動，原因在於：反對校長偏袒毆打學生的廚子。事情落幕後，幾個積極參與學潮的學生，被學校給予了最嚴厲的退學處分，而郁達夫正是其中之一。雖然之後他被城內另一所教會學校接受，但是當時的郁達夫對學校教育已經感到徹底的絕望，在放寒假之前，他就已經打算回家「從心所欲的自修工夫」。回到家鄉後，郁達夫便開始了他離群索居的苦讀日子。

　　在家鄉的兩年，郁達夫雖然遭受到不少親友的訕笑，但這卻也是他收穫最多的時期。在這期間，他除了唸書之外，對於社會的現況、周遭的生活也作了深刻的觀察。農民的貧窮與無智、政府的專制與昏庸、局勢的不安與混亂……，這一切無不

讓郁達夫感到憂心，同時也在他心底種下改革社會的種子。

　　1913 年秋，兄長郁曼陀要到日本考察，決定帶著他一同前往。不久之後，郁曼陀考察完畢，回國覆命。從此，郁達夫展開一個人隻身在島國的求學生涯。

　　在郁曼陀離開之前，郁達夫已經考取東京第一高等學校預科的公費生，在這裏他和郭沫若、張資平等人同班。這些同學，即是後來創造社的基本成員，可以說創造社的創社基礎就是建立在此時。東京第一高校畢業後，郁達夫進入名古屋第八高校就讀。在這期間，他閱讀了大量的西洋文學小說，前後總共讀了俄、德、英、法、日等小說一千多部。郁達夫本來就對文學有極大的興趣，而這一時期大量西方小說的閱讀，對他日後走向小說創作之路，及小說風格的呈現產生了極大的影響。

　　在日本的郁達夫，雖然學習上有極大的進展，但是身處異鄉的他，精神上確是分外的苦悶。當時明治維新後的日本，處處展現出新興的氣象。但自從甲午戰爭後，日本一再的侵略中國。對於來自貧弱中國的留學生，日本人的態度是極為狂傲的。身為「支那人」的郁達夫，受到周遭日本人的歧視與污辱，不知有幾次。在強烈的刺激中，郁達夫不僅對於日本帝國主義極度的厭惡，同時也培養出他高度的愛國熱誠。這股熱誠在他有生之年一直持續著。

　　名古屋第八高校畢業後，郁達夫進入東京帝國大學繼續深造。在東京帝大期間，郁達夫寫出了他著名的代表作：《沈淪》。《沈淪》大膽地披露了他在日本第八高校時期，性的苦悶與病態的心理。這部小說後來在中國發表，成為五四運動以

後，第一本新文藝小說作品。《沈淪》細膩大膽的描寫風格，在當時保守的中國造成了極大的轟動，廣受讀者的熱烈歡迎。泰東書局將此書印刷了十餘版，數量達三萬餘冊，成為當時最暢銷的一本書。就在他受到年輕讀者廣大歡迎的同時，也遭受到了一些人的指責和毀謗，認為他的小說裏「充滿了污穢和不健康的氣氛」、「是不道德文學」。幸好他得到郭沫若、周作人等人的支持。不論讚美或毀謗，無疑的《沈淪》一書，奠定了郁達夫在新文藝文壇上的地位。①

1922年郁達夫大學畢業，回到祖國後，他積極投入文學界。除了成立「創造社」，創辦《創造》雜誌外，還陸續發表了《沈淪》、《茫茫夜》、《風鈴》、《秋柳》等許多作品。他的作品大都是反應青年的苦悶與心理，將青年對現實社會的不滿、戀愛的苦悶、生活的困頓徹底地表現出來。而他自傳式的描寫風格，更是他一個相當獨特的風格。郁達夫作品強烈的主觀色彩、自傷感的抒情傾向、細膩的描寫、自然清麗的文筆，影響了成千上萬的青年。當時，他的小說更一度與魯迅齊名。

回國之後的郁達夫，先後任教安慶法政學校、北京大學、武昌師範大學、中山大學、安徽大學等學校，又陸續主辦、編輯過一些刊物。1936年2月，福建省政府主席陳儀委任郁達夫為福建省政府參議。6月時，又再被任命為福建省政府公報室主任。

---

① 有關郁達夫的生平，參見郁達夫：《郁達夫傳》（南京：江蘇文藝出版社，1996年7月），頁1-99。

　　當時日本帝國主義正瘋狂的侵略中國，中日戰爭一觸即發。11月郁達夫以替福建省政府採購印刷機，和應日本學校社團邀聘演講為名赴日，實際上是去邀郭沫若回國，擔任抗日的宣傳工作。而郁達夫的訪臺，就是他在東京停留期間，應《臺灣日日新報》的邀請、聯繫與安排而成的！②

　　郁達夫在日本作了一個多月的訪問之後，12月19日在回福建的途中，從日本神戶乘朝日丸轉往臺灣。

三、達夫的到來

　　1936年冬天，12月22日下午二點半，郁達夫到達臺灣基隆。他身穿冬季尼料西服，踏上了祖國的寶島，實現了多年來訪問臺灣的願望。前往迎接的有臺灣總督府官員、《臺灣日日新報》負責人和文化藝術界人士。

　　當天晚上，郁達夫下榻於臺北市鐵道飯店。記者聞訊，紛紛前往採訪。郁達夫對探訪的記者說：「渡臺的目的，是欲正視始政四十週年躍進臺灣的情況。」③可見，他對於這塊在清末被迫從中國分割出去的土地，相當的關心。然而，他在訪臺前後的一個星期裏，所談論的話題大多以文學為主，極少涉及政治性話題。這一方面可能是他文人的特質所致，一方面則是

---

② 張放：〈臺灣過客郁達夫〉，《聯合報》第37版，1996年3月7日。

③ 李宗慈：〈訪黃得時，談郁達夫〉，《當代文學史料研究叢刊》第2期（1987年12月），頁275。

受限於環境的緣故。因為當時臺灣正處於日本的統治，要暢所欲言的談論有關政治的議題，當然是不可能的。

　　2 月 23 日下午，郁達夫出席了當時唯一由臺灣人創辦的中、日文報紙《臺灣新民報》報社所召開的文學座談會。參加座談的有臺灣方面相關的官員、教育界和文化界的人士、報社的主筆和記者等二十多人。會上郁達夫對於他提倡「國防文學」口號的動機和目的、中國的民族意識、中國農村的衰敗，以及中日、日蘇文化的交流和互相影響等問題，發表了自己的看法。座談會開到下午五時才結束。由於他的日語非常流暢，再加上講演內容精闢洗鍊，使得這次的座談會頗獲臺灣各界好評。④

　　當晚七時半，郁達夫應《臺灣日日新報》社的邀約，在鐵道飯店的劇場上舉行公開的演講會。由於郁達夫訪臺的消息，在他一抵達基隆港後，就被臺灣的媒體大肆的報導。因此，當天晚上聞訊到場聽

演講會啟示

---

④ 陳松溪：〈郁達夫的臺灣之行〉，《當代文學史料研究叢刊》第 2 期（1987 年 12 月），頁 265。

演講的人，非常的踴躍，把整個會場擠的水泄不通。

　　郁達夫以「中國文學的變遷」為主題，從「漢字的微妙變化」說起，一開始就吸引了廣大聽眾的興趣。他在演講中說：「中國文字，每個字都是獨立的，即使是一個單字，也有意味和形狀，還有一個音，即所謂的韻。」「這樣的字……，可能是中國文字的特徵，而中國文學中，最有文學性並充分發揮這種妙物的，無論如何，首先要算中國的詩。」緊接著，他介紹了中國詩歌和散文從古代到現代發展和變遷的過程。同時，他也對中國文化將來的發展及進路提出自己的看法：「中國文化將來是要帶著社會主義的色彩而生長起來的，但又有國家主意的背景，所以絕不會失去民族的創造力。可見，日本人所憂慮的那種，全然否定中國文化傳統的事，是不會發生的。」⑤他這麼說無疑是要勸阻日本的軍事侵略，雖然沒有任何的效果，但他那種滿懷愛國主義、充滿熱情的介紹中國文學，卻受到廣大聽眾的熱烈歡迎。演講結束後，各個報紙均以顯著的篇幅報導，真可謂盛況空前。這種熱烈歡愉氣氛，也感染到了中臺灣以及南臺灣的作家。「郁達夫之風」在當時可謂襲捲了全臺灣。

⑤ 有關郁達夫在臺灣的演講詞，可參見伊藤虎丸：〈「臺灣新民報」所載記事座談會記事〉，收入《郁達夫資料補編》（東京：東京大學東洋文化研究所附屬東洋學文獻センター，昭和49年（1975）7月），頁217-229。向山寬夫：〈郁達夫の臺灣における講演—「支那文學について」〉，《國學院雜誌》第76卷第4期（1975年4月），頁46-56。

四、臺北的座談

　　在臺北的四天，郁達夫還訪問過臺灣總督，參觀臺北帝國大學，出席該校東洋文學會所主辦的歡迎餐會。在這期間，郁達夫和黃得時的對話最多。黃得時當時是臺北帝國大學的學生、臺灣文藝聯盟委員。他長期攻讀中國文學和日本文學，對郁達夫十分景仰。他在 12 月 20 日，即郁達夫乘船從日本出發的次日，就開始在《臺灣新民報》上發表「達夫片片㈠」，「達夫片片」前後連載共達十九天之久。對於郁達夫的作品，黃得時也做過系統的閱讀，所以在座談會上提出的問題也多數與創作有關。

　　郁達夫的作品中往往呈現出一股憂鬱孤寂感，對此黃得時問到：「先生的作品，頗有表示愛好孤寂生活和與世隔絕的傾向，這是不是因雙親早亡所致？」

　　郁達夫沈吟了一會，緩慢的回答道：「畢竟也許有這種關係吧！就是現在，我仍然願意與人們隔離，獨自一個人讀書過日。」⑥

　　郁達夫在他《五六年來創作生活的回顧》裏曾經提到：

　　　我覺得「文學作品，都是作家的自序傳」，這一句話，是
　　　千真萬真的。……作家的性格，是無論如何，總需在他的

---

⑥ 黃得時：〈郁達夫先生評傳㈠〉，《臺灣文化》第 2 卷第 6 期（1947 年 9 月），頁 15 。

作品裏頭保留著的。作家既有了這一種強的個性,他只要能夠修養,就可以成為一個有力的作家。修養是什麼呢?就是他們一己的體驗。

這個觀點發表之後,引起了不少的爭論。甚至引來文壇保守分子的抨擊。在座談會上,黃得時也詳細的問過郁達夫這個問題,他依然不變他的立場。郁達夫回答道:

常聞作品須重客觀,但我的意見卻始終不改。縱使是用客觀去描寫,作家的特異性,亦不能無視的。例如同樣的題材,亦因作家的特異性,一經執筆,亦會便成為完全不同的作品。我所以會被視為個人主義者,亦是因有我的個性表露著的緣故。⑦

郁達夫的成就不僅是在小說,他在舊體詩的創作上,也頗具功力。甚至有人說,郁達夫寫的最好的是他的詩而非小說。郁達夫在座談會上也談到了他的舊詩觀:

舊詩雖然是舊的,我卻很愛去做,因為舊詩的好處不可一味抹煞,要在能活用點不能活用而已,其中如有表現新的內容,如個性,社會性,時代性,即亦不失為文藝作品的

---

⑦ 黃得時:〈郁達夫先生評傳(完)〉,《臺灣文化》第 2 卷第 8 期(1947 年 11 月),頁 23。

黃得時〈郁達夫先生評傳〉

一種。⑧

在唯一一次的見面中，黃得時印象最深刻的便是郁達夫說的：「中國的文學好比大海，總是驚波又駭浪；而感官日本文學，卻是在山壑中一條蜿蜒的小河。」⑨這個比喻很恰當的表現出中國文學與日本文學的特色，足見郁達夫對於中日文學的瞭解。

在閱讀郁達夫的作品時，黃得時就非常喜歡這位作家；直到郁達夫來臺，他更印證了「人如其名」這句話。在他心目中的作家，果然是一位極具浪漫情懷，且絲毫沒有一點架子、平易近人的大作家。

郁達夫在臺北四天，行程安排的相當緊湊。有一天，記者徐坤泉去訪問郁達夫。他告訴記者說：「我昨天將近二時才睡覺，今天午前六時就起床了，實際上才睡四個多小時，這樣的生活可以說是破記錄。」⑩一站接一站的行程，不但沒有讓郁

⑧ 同前註。
⑨ 同註③，頁277。
⑩ 同註④，頁267。

達夫感到疲倦，反而讓他非常愉快。因為不論是臺灣的文化界或新聞界，對於這位來自祖國的作家都給予了最熱烈的歡迎。

　然而，他也很快的發現到：在表面上，臺灣的統治當局一日本一給予他相當於國賓的待遇，實際上卻在暗中派特務跟蹤和監視他。甚至連參加座談會的人員，也都是事先經過研究聘請的，還有大部分活躍於臺灣文壇的人士，都沒有獲准參加。這些經過事先安排的歡迎會和座談會，讓他沒有機會接近更多的臺灣同胞和作家。這使他改變後來的活動方式：在臺北南下後，經過臺中、嘉義，而臺南以後，再也沒有開過演講會。只有一次應《臺灣新民報》之邀，參加在鐵路飯店所舉的座談會，其他不論是公事或私人的邀請，他都避不赴約。更有幾次，他單獨一個人外出，自行搭公共汽車遊覽，因為這是他親近臺灣土地，最直接的方法。

五、短暫臺中行

　12 月 26 日，郁達夫由臺北乘坐火車，南下臺中。這一消息傳來，臺中文藝界的人士都相當的興奮，準備為他召開一個盛大的歡迎會及座談會。郁達夫到達了臺中火車站，接車的人熱情的歡迎他，並將臺灣文藝界出版的《臺灣新文學》、《臺灣民間文學集》、《臺灣文藝》等書刊送給他。儘管有日方總督府特派員陪同在側，但是郁達夫還是欣然接受。由於郁達夫到臺中後，預定要停留的時間很短暫，因此並沒有依當地人士的邀約參加座談會。雖然如此，他還是和臺灣文藝聯盟常務委

員長張深切等臺中作家會面，敘談了將近一個多小時，會後還拍照留念。

從臺中作家的口中，他得知彰化附近還有許多文藝工作者，因此臨時決定趕到彰化，拜訪這些作家。但是由於事先沒有做好聯繫，雙方並沒有會面到。接著他又南下嘉義，並順道至阿里山參觀遊覽。⑪

六、行至南臺灣

對於郁達夫來臺的消息，臺南的作家在獲悉後都十分的興奮。又從報紙上看到郁達夫臺北開座談會、演講會的消息，他們更是激動。也不顧年關將近，事務繁多，紛紛放下手邊的工作，狂熱地奔走於籌辦歡迎會和座談會，忙得不亦樂乎。

12 月 26 日郁達夫南下的消息傳來，臺南的作家心情更是高昂，簡直到達了沸點。但另一方面的消息卻又表示，郁達夫只在臺中滯留了一個多小時，就隨即搭車南下，並沒有如預定的前往歡迎座談會的會場。這點讓他們感到很不安，因為臺中當時是臺灣新文學的天地，而且很早前就聽聞那裏的文藝團體要共同開一個盛大的歡迎會。既然郁達夫連臺中的歡迎會都不肯參加，更不用說是臺南所辦的了。為此，臺南的作家覺得有點失望，他們怕一切的辛苦、奔走，都將歸於徒勞，於是他們只好將計畫暫時停止，等到郁達夫到達臺南之後，再作商議。

---

⑪ 陳松溪：〈郁達夫的臺灣之行〉，《當代文學史料研究叢刊》第 2 期，頁 268 。

郁達夫到達臺南的預定日程是 27 日，但是他們多方的打聽，甚至還拜訪了特務，就是無法得知他確切到達的時間。在不得已的情況下，他們只好一方面派人到火車站去等候，一方面用打電話的方式一一詢問市內一流的旅館，以便確實掌握郁達夫到達的時間與下榻的飯店。終於在四點左右，莊松林得到了確實的消息，得知郁達夫坐三點三十九分到站的列車，預定住宿在鐵道飯店。

由於得到這一消息時，已經過了三點三十九分，因此當地的作家並沒有在火車站迎接到郁達夫，於是他們決定當晚八點到鐵道飯店拜訪他。為了怕郁達夫被當地的官紳招待出去吃飯，莊松林等人事先打電話到飯店找郁達夫，想要聯繫拜訪的時間。可是，旅館方面的回答卻是：「留守中！」再追問去向，答覆則是「郁達夫單獨外出了！」這樣的回答，讓他們心裏起了種種的猜測，最後商訂趁第二天郁達夫還沒起床時，乘其不備的來個「襲擊性早訪」。⑫

七、襲擊性早訪

第二天一早，趙櫪馬、林占鰲和莊松林三人，在天還未亮時就集合出發。到了鐵路飯店，侍者對於一大清早進來的三個人投以奇異的眼光。他們點了牛奶，並請服務人員代為通報。不久，穿著西裝、身材消瘦、神情愉快的郁達夫出現在他們眼

---

⑫ 尚未央（莊松林筆名）：〈會郁達夫記〉，《臺灣新文學》第 2 卷第 2 號（1937 年 1 月），頁 60-61。

前。郁達夫不僅絲毫沒有架子,而且對於他們「襲擊性的早訪」
也沒有露出嫌惡的神情。反而很恭敬的向來訪者用中國話介紹
自己,熱烈的和大家寒暄。郁達夫微笑的用日語問他們:「大
家中國話聽的懂吧?」於是,他們彼此以中國話,在輕鬆愉快
的氣氛下交談著。

　　莊松林等人拿出他們自辦的《臺灣新文學》給郁達夫,他
回房間抱出一包東西出來,裏面除了有《臺灣新文學》外,尚
有《臺灣文藝》、《臺灣民間文學集》等書刊,說是在臺中時
有人送的。對於《臺灣新文學》他說到:「有缺本,十二月號
聽說禁止。」他們又談了一些有關臺灣文學創作的問題。郁達
夫表示:「寫作的人不肯勉強,臺灣文學怎麼會進步呢?我們
也很痛感著。而且寫作的人,能夠不管好壞,隨便寫一二篇,
便揚揚得意自稱為作家,也是其原因之一。」⑬接著他又沈著
的說:「這種氣息要改掉,無論如何勉強要緊。」⑭由這些談
話,可見得郁達夫對於臺灣文學的關懷與瞭解,令在座的臺灣
作家也為之動容。

　　接著,他們談論著郁達夫近日來訪臺的活動和情況。莊松
林等拿出事先帶去的簽名簿和《達夫全集》,請他簽名和題
字。郁達夫爽快地答應了。他首先在林占鰲的簽名簿上提寫
了:「四海皆兄弟,中原要傑才。」在沈思了片刻後,在莊松
林的簽名簿上寫下了白居易的詩句「同是天涯淪落人」。在旁
邊觀看的趙櫪馬嘆息道:「真感傷啊!」郁達夫微笑的點點

---

⑬ 同前註,頁62。
⑭ 同前註。

頭，順手在四五本《達夫全集》上
一一簽名。⑮

話鋒一轉，轉到郁達夫〈懷魯
迅〉的文章上，莊松林等認為這是
一篇強而有力、令人動容的文章，
因此大膽的提出：「這是無理的要
求，先生若回國後有閒時，肯把那
一段揮三張送給我們嗎？」想不到
郁達夫竟然很爽快連連的點頭稱

〈郁達夫全集〉

諾，並立即在他們三人的名片下角記下「懷魯迅」三個字。足
見於郁達夫為人的隨和與懇切。⑯

在會談中，莊松林等提出開個座談會的建議，郁達夫抱歉
的表示時間安排不過來，又說今天臺南當局準備安排他參觀，
他感到太麻煩了，婉言謝絕了。明天他要自己按地圖坐汽車、
坐公車去遊覽，要到晚上九點以後才有空，並表示歡迎幾個人
一起隨便談談。同時，他也提及了前天下午去參觀清水町古時
舊街的一些趣聞。⑰

這次的會面，時間是在清晨，同時又沒有經過事先的安
排，因此日本特務並不知情，並沒有派人隨同監視。所以，他
們得以用中國話輕鬆愉快的敘談。這次「襲擊性」的小型聚
會，給臺南的三位作家留下極深刻的記憶。對於初見郁達夫的

---

⑮ 同前註，頁 63。
⑯ 同前註，頁 64。
⑰ 同前註，頁 63。

印象，莊松林在日後回憶：

> 我們未曾會見他之前，曾在《創造月刊》和《讀書月刊》
> 看過他的照像，覺得他是病弱而意志消沈，又很孤獨的
> 人。到這次會見才發現和從前已經兩樣，身體健康，舉止
> 明朗又快活，滿面的春風和藹可親，不時面上現著微笑，
> 溫柔而沈著的說話。在未會面之前，我們也曾揣想他仍是
> 和支局長一樣，非常看不起人似的會閉門謝客，卻出乎意
> 料之外，他很輕易又緊快地會見我們，實在不禁大有『相
> 逢何必曾相識』之慨。雖然我們這樣短促的面會……卻覺
> 得好像久別的故友在異鄉相逢似的格外親熱。……郁氏這
> 番很好的第一印象，深刻在我們的腦上，大概以後都不會
> 忘記吧！⑱

八、特務的監視

其他的文藝界同仁，聽說莊松林等三人在早上七點與郁達
夫會過面，同時得知晚上九點還會再去拜訪，大家都感到很興
奮，都表示也要一塊去見郁達夫，並且要他的簽名留念。即便
當時遠在佳里的吳新榮、郭水潭、徐清吉也不惜千里驅車而
來。一行九個人，對於能有機會和郁達夫見面，大家都感到很
高興。

---

⑱ 同前註，頁64。

　　但是，當大家在晚上九點走進會客室時，卻發現日本特務警察已經在飯店做了很周密的佈置。這些特務有的在走廊看報，有的在客廳圍棋，這樣的佈局剛好可以團團的將參與座談會的人圍住。其中有一些特務，甚至是遠從佳里跟從郭水潭等人而來的。整個飯店透露出一股異常、不安的氣氛。⑲

　　不久，郁達夫走進來了，雖然經過了一天的奔波，但他絲毫不露倦色，愉快的和大家打招呼。交換過名片之後，大家如同開小型座談會般，開始漫談起來。當郭水潭首先以日語發問時，郁達夫卻要他改用「筆談」，同時所有的交談也都改用國語。當時日本政府在臺灣推行日語教育已經有一段時間，因此並非每個臺灣人都會說國語，所幸莊松林、林占鰲等人都會說，經由他們通譯，彼此大致可以達到溝通的目的。因為當時的周圍佈滿了特務，而這些特務警察的跟監，無非也是害怕他們談及有關臺灣政治的問題。因此他們除了以國語溝通之外，話題都集中在文學上，不去提及有關政治上的議題。這些日本特務，當然也就一無所獲了。

　　何以當時的鐵道飯店裏會有那麼多的日本特務警察？經過事後的瞭解才知道，原來有人故意在鐵道飯店廁所的牆壁內，寫了一些反日標語。文字內容不詳，但可能是有關郁達夫來臺的記事。這些話刺激了日本警察，鐵路飯店的臺籍員工都遭受到了嚴厲的盤問和審查，而且還做了筆跡鑑定等調查工作，但是終究還是無法查出是誰所為。原本日本特務就擔心郁達夫和

---

⑲ 郭水潭：〈憶郁達夫訪臺〉，《臺北文物》第 3 卷第 3 期（1954 年 12 月），頁 72 。

當地的作家會談論有關臺灣政治的議題，早就做了各種的防範措施；再加上發生這件事，也難怪當天晚上，飯店的氣氛會如此的緊張⑳。

因為有秘密警察的監視，因此大家都很有默契的把問題集中在文學上。臺南作家詢問了郁達夫有關中國近代的文藝運動、郭沫若和郁達夫的關係、中國作家的近況、大眾語、中國文字拉丁化等問題，郁達夫都一一的回答。看看原來預定座談會的時間已到，大家才把話題截住，要求郁達夫為大家題字。大家道過謝之後，將個人所帶來的紀念品和禮物送給郁達夫。郁達夫非常高興地接受了，並客氣的致謝。他還答應回福建後要為臺灣新文學社寫稿。同時也表示，臺灣文藝界朋友送給他的雜誌上，如果有好的作品，他也準備介紹給中國文壇。對於這次的聚會大家都感到很滿意。㉑

翌日清晨，郁達夫準備坐七點五分的火車離開臺南。經過郁達夫的同意，臺南的作家們又相約一大早趕到鐵道飯店為他送行。當他們到達時，郁達夫已經把行李準備好，準備出發了。他們拿出臺灣新文學社為郁達夫所準備的紀念品——一對用檳榔做的原住民——送給郁達夫。郁達夫很愉快的接受了。接著大家步行到火車站廣場，在樺山總督銅像前合影留念。莊松林等人一直把郁達夫送上了火車上，雖然彼此總共只有幾個小時的會談，但是大家在感覺上卻好像是相識已久的朋友，分別在即，大家的心裏都充滿了依依不捨之情。在互道珍

---

⑳ 同前註，頁 73 。

㉑ 尚未央〈會郁達夫記〉，《臺灣新文學》第 2 卷第 2 號，頁 65 。

重聲中，火車緩緩的開動了，將這位祖國來的作家載離了臺
南。

離開臺南後，郁達夫前往高雄；他在高雄並沒有停留多
久，便轉乘「福建號」輪船離開臺灣，結束了他為期一個星期
的訪問。

九、達夫臺灣情

1936 年 12 月 30 日上午，郁達夫回到廈門了。顯然他對這
次的臺灣之行，有極深刻的感受。他在接受《星光日報》記者
趙璧的訪問時，說到：

> 臺灣人很好，無論老的少的，對祖國都很熱烈。年紀老
> 的，他們一切都親切的感受到，年紀輕的，他們都有各熱
> 烈的眷戀祖國的心。可是在統治者多方的壓迫下，年青人
> 是苦惱的，他們彷彿在漢文和日文之間，漢文因環境關
> 係，使他們不能長期學習，故根柢很淺，日文亦因種種習
> 慣，當然比不上日人。所以在文學方面，他們的作品雖然
> 很多，但很少好的。可是他們是抱者不屈不撓的精神不斷
> 地努力著，他們的精神值得我們欽佩，所以我斷定臺灣的
> 文學將來一定很有希望的。日本人對於臺灣人思想的自由
> 極端的防範，想盡法子使他們忘掉了對中國的關係。臺灣
> 青年的作品無處發表，三五個人在馬路旁說話便受干涉，
> 這樣的生活，你能教他們不苦惱嗎？在這樣的生活中，他

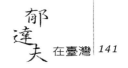

們熱烈的想念祖國,他們非常關心祖國,無時不尖著耳朵
打聽祖國的消息。然而,我們對不住臺灣同胞,祖國給他
們太失望了!⑫

由這段言論,可知這次的臺灣之行,郁達夫對於在臺灣同胞在
日本人的統治下,所受的言行限制有著極強烈的感受。同時,
臺灣人那種關心祖國的熱烈情懷,讓他深深感動。因此,他為
臺灣同胞叫屈,大喊:「我們對不住臺灣同胞,祖國給他們太
失望了!」

　　對於臺灣同胞的處境,郁達夫始終難以忘懷。1939年冬
天,他在新加坡中國語言文學院的演說中,又再次地談了訪臺
的見聞和感受:

　　前兩年余應東京學校及社團之邀去演講時,曾遊日赴臺
　　灣,彼處有一帝大分校,吾聞臺人所講者乃閩南語,其風
　　俗與吾國中相似。臺灣滅亡之初,其兒童尚許讀《三字
　　經》、《千字文》等,及余至臺灣時,已禁令兒童讀漢文
　　矣,可不悲哉!不特不令其不可讀漢文,反倒令其讀寫日
　　文,至於言論,亦大被束縛,偶有喜慶事,僅能講幾句平
　　常語而已。如請人講評話,須至更深夜靜。⑬

---

⑫ 見陳松溪:〈郁達夫的臺灣之行〉,《當代文學史料研究叢刊》第
　　2期,頁272。
⑬ 同前註。

同時他也曾提到：

> 前三年我在臺灣的時候，所親見的臺灣民眾在政府下令禁
> 止百姓讀中文書，禁止日報出中文版的時候的那一種悲慘
> 哀切的情狀，現在回想起來，還會得毛髮直豎起來。都德
> 寫雅爾薩斯・羅倫那一天學校最後授課的情狀，與臺灣當
> 時的情況來一比較，只覺得他寫的還不夠悲壯。㉔

可見他對於臺灣之行印象的深刻。

　　郁達夫臺灣之行的目的，曾經引起很大的猜測。因為最初
福建的報紙只是報導說：郁達夫將到上海弔唁魯迅，之後要前
往日本購買轉輪印刷機。到了 11 月 21 日《福建民報》才又報
導說：「（郁達夫）向省府請假兩個月，由滬東渡講學，
……抵日已經歷三星期，課務約五星期可以完畢，下月中旬當
可進行返臺，昨以電告省方云云。」㉕然而，他並沒有按時回
福建，有關於臺灣的行程，是事後才被報導出來的。而在臺灣
卻已早在半年前就有他將來訪的傳聞，再加上他回國後又曾謁
見陳儀，報告他這次東行的印象。當時正逢多事之秋，加上種
種跡象，更增加了人們的揣測。

　　有人猜說是因為他和妻子王映霞不和睦，兩人分開後，郁
達夫心情寂寞不開，於是展開了他失戀的逃避之旅。也有人斷

㉔ 同前註，頁 272-273。

㉕ 見張放：〈臺灣過客郁達夫〉，《聯合報》第 37 版，1996 年 3 月 7
　 日。

定他是因為受日本引誘，貿然走上政治路線。郭水潭在〈憶郁達夫訪臺〉中揣測，「前者的理由薄弱，後者的因素濃厚」。㉖但是反觀郁達夫在臺灣的一切，他不僅沿路都為日本特務所跟蹤，就連在座談會上他所接觸的人也是事先安排的，同時他在他臺灣所發表的言論，更沒有一項是損害祖國權益的。再由他日後屢屢提及臺灣，言語中對於臺灣同胞受殖於日本，充滿了萬般的同情與不捨。基於這些觀察，若說他「受日本引誘，貿然走上政治路線」，實在是有待商榷。

　　總而言之，郁達夫的臺灣之行，誠如黃得時所說：「對於臺灣文化界刺激非常的強大。」㉗而親眼目睹臺灣同胞在日本人的統治下，生活的悲慘哀切，無疑的也更堅定了郁達夫反對日本帝國主義的決心。

參考書目

郁達夫傳　郁達夫著　南京　江蘇文藝出版社　1996 年 7 月

相關文獻

黃得時　　達夫片片

㉖ 見郭水潭：〈憶郁達夫訪臺〉，《臺北文物》第 3 卷第 3 期，頁 72 。

㉗ 見黃得時：〈郁達夫先生評傳㈠〉，《臺灣文化》第 2 卷第 6 期，頁 15 。

　　　　　臺灣新民報　1936 年 12 月 20 日－1937 年 1 月 7 日
　　　　　（連載 19 天）

尚未央　　會郁達夫記
　　　　　臺灣新文學　第 2 卷第 2 號　頁 60－65　1937 年
　　　　　（昭和 12 年）1 月

黃得時　　郁達夫先生評傳
　　　　　⑴臺灣文化　第 2 卷第 6 期　頁 15－17　1947 年 9
　　　　　　月
　　　　　⑵臺灣文化　第 2 卷第 7 期　頁 21－24　1947 年
　　　　　　10 月
　　　　　⑶臺灣文化　第 2 卷第 8 期　頁 21－24　1947 年
　　　　　　11 月

郭水潭　　憶郁達夫訪臺
　　　　　臺北文物　第 3 卷第 3 期　頁 72－73　1954 年 12
　　　　　月
　　　　　自立晚報　第 10 版　1979 年 5 月 23 日
　　　　　鹽分地帶文學選　頁 587－589　臺北　林白出版
　　　　　社　1979 年 8 月

戴國輝　　郁達夫訪臺の周邊
　　　　　中國　第 102 號　1972 年 5 月

張　放　　郁達夫到過臺灣
　　　　　青溪　第 72 期　頁 98－99　1973 年 6 月

向山寬夫　郁達夫の臺灣における講演──「支那文學につい
　　　　　て」

國學院雜誌　第 76 卷第 4 期　頁 46 － 56　1975 年 4 月

伊藤虎丸、稻葉昭二、鈴木正夫編　「臺灣新民報」所載記事 座談會記事
　　郁達夫資料補編（下）　頁 217 － 229　東京　東京大學東洋文化研究所附屬東洋學文獻センター 1975 年（昭和 49）年 7 月

陳松溪　郁達夫在臺灣
　　福州晚報　1984 年 3 月 14 日

天　逸　郁達夫談訪臺見聞
　　團結報　1984 年 4 月 7 日

黃得時　郁達夫來臺灣
　　聯合報　第 37 版（聯合副刊）　1984 年 6 月 30 日
　　團結報　1984 年 8 月 4 日

張　均　談郁達夫訪臺的幾點史實
　　團結報　1984 年 9 月 22 日

陳松溪　郁達夫在廈談訪臺
　　團結報　1984 年 9 月 22 日

陳松溪　郁達夫的臺灣之行
　　新文學史料　總第 28 期　1985 年 8 月
　　當代文學史料研究叢刊　第 2 期　頁 265 － 274 1987 年 12 月

李宗慈　訪黃得時，談郁達夫
　　當代文學史料研究叢刊　第 2 期　頁 275 － 277

1987 年 12 月

筧　文生　神田喜一郎先生と郁達夫

　　　　　中國文藝研究會會報　第 104 期　頁 1 － 3　1990
　　　　　年 6 月

張　放　臺灣過客郁達夫

　　　　　聯合報　第 37 版（聯合副刊）　1996 年 3 月 7 月

錢鍾書在臺灣

林耀椿 *

　　當代著名學者錢鍾書先生在中國學術界的魅力，很難有人
與他相比，也因此一有他的新作或是蹤跡，便會引人圍觀，爭
相走告。已有相當時刻沒有錢先生的訊息，李黎在《聯合文學》
寫了一篇〈一封遲到多年的信〉，述說錢老給她的信遲了十
一、二年，放在一位「收藏家」手上，爾後又得到錢老覆函，
這是近年來有關錢老的一點「蛛絲馬跡」①，讀之感到特別親
切。依回信可知他們夫婦身體情況：

　　七年來，衰病相因，愚夫婦皆遵醫戒，杜門謝客謝事，只
　　恨來信太多，也多懶不復。

---

* 林耀椿，暨南大學中國文學系碩士。

① 《聯合文學》第9卷第6期（1993年4月），頁178-181 。近來見黃
　　韋：〈錢鍾書智退賀壽人〉（《聯合報》1995年12月4日〈聯合副
　　刊〉），文中敘述錢老午睡，使一些賀壽的中國作協領導打退堂
　　鼓。另有陶思浩：〈巴金、施蟄存與錢鍾書、楊絳夫婦〉（《中央
　　日報》1995年12月8日〈中央副刊〉）一文，陶文說明錢老身體
　　羸弱，相當嚴重。引述楊絳的話：「據楊絳在電話中說，默存兄
　　的病比較嚴重，是泌尿系統癌症擴散，現賴鼻飼，每天由楊絳將
　　雞、魚、肉類和蔬菜煮熟搗成漿糊，通過管道灌入胃腸，以保持
　　足夠的營養。」

楊絳也因「輕微的腦血栓病」入
院,這對深居簡出的夫婦,是學
術界舉目注視之焦點,又《聯合
文學》繼「楊絳專卷」②事隔七
年,又推出「楊絳雜憶」③,所
選散文除了〈第一次觀禮〉外,
皆選自《雜憶與雜寫》④,而中
國社會科學出版社也在1993年
推出三厚冊《楊絳作品集》,洛
陽紙貴一年間竟然印了四次,而
浙江文藝出版社也出版了《楊絳

錢鍾書 像

散文》⑤,南京譯林出版社也出版《楊絳譯文集》⑥,錢老
《七綴集》也再重新出版。⑦這是一、二年來他們著作出版情
況。反觀學術界已不再評介他們文章,《錢鍾書研究》、《錢
鍾書研究采輯》已銷聲匿跡。⑧除了零星幾篇評論文章出現,
已不像《圍城》拍成電影版,評論文章那樣熱絡。今年錢老出
版了《槐聚詩存》⑨,這訊息早在去年1994年9月號《讀書》

---

② 《聯合文學》第4卷第2期(1987年12月),頁154-233。
③ 《聯合文學》第10卷第3期(1994年1月),頁46-96。
④ 楊絳:《雜憶與雜寫》(廣州:花城出版社,1992年7月)。
⑤ 楊絳:《楊絳散文》(杭州:浙江文藝出版社,1994年12月)。
⑥ 楊絳:《楊絳譯文集》(南京:譯林出版社,19945年11月)。
⑦ 錢鍾書:《七綴集》(上海:上海古籍出版社,1994年8月)。
⑧ 《錢鍾書研究》目前只出三輯,《錢鍾書研究采輯》只出一輯。
⑨ 錢鍾書:《槐聚詩存》(北京:三聯書店,1995年3月),此版為
   鉛排本。

已見曉（出的是線裝書）
⑩，錢老在序文述說：

> 自錄一本，絳恐遭劫
> 火，手寫三冊，分別隱
> 藏，幸免灰燼。去年余
> 大病，絳也積勞成疾，
> 衰弊餘生，而或欲以流
> 傳篇什印為一書年薄利
> 者。絳謂余曰：「與君
> 皆如風燭草露，宜自定
> 詩集，卑免俗本傳
> 訛。」因助余選定推
> 敲，並力疾手書。

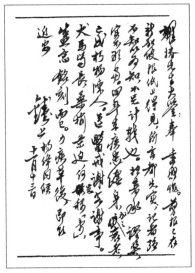

錢鍾書給本文作者的親筆函

這一本詩集著錄自1934年到1991年，即是選自他清華大學畢
業後，在上海光華大學執教時至今的作品。依孔慶茂的《錢鍾
書傳》說：「1934年前之詩作皆收在《中書君詩》之此書當
時為自印本，非賣品很難看到。」⑪吳宓（雨僧）喜悅看到自
己學生出詩集，並為它題了一首詩〈賦贈錢君鍾書即題中書君

---

⑩ 時報文化出版公司1994年11月根據線裝本重印，改為平裝本，在
　臺灣發行。
⑪ 孔慶茂：《錢鍾書傳》（南京：江蘇文藝出版社，1992年4月），
　頁61-62。

詩初刊中〉：

> 才情學識誰兼具，新舊中西子竟通，大器能成由早慧，人謀有補賴天工，源深顧趙傳家業，氣勝蘇黃振國風，悲劇終場吾事了，交期兩世許心同。⑫

當我在《槐聚詩存》1948年見有〈草山賓館作〉、〈贈喬大壯先生〉兩首詩時，心中喜悅至極。懸宕多年無法解決的一件事，終於乍見曙光，就是錢鍾書先生何時來臺灣的公案，二年前我在拙文〈從錢鍾書「退」的人生觀看「錢學」的發展〉⑬提及「舊地重遊」之事，當時只根據錢老給蘇正隆先生的信，承他厚愛邀請到臺灣訪問，錢老說：

> 承邀愚夫婦訪臺灣極感厚愛，但弟自年前訪日歸來，自覺老懶身心，不宜酬應，且無意走江湖，賣狗皮膏藥，古湔歲遠則歐美澳、近則新加坡、香港、日本皆有招邀，一律敬謝。今復多病，更安土重遷，臺灣為弟舊遊之地，嘗寓草山一月……。

這條訊息，引起我無比興奮，到處探尋。逢有相關研究學者便

---

⑫ 吳宓：《吳宓詩文集》（臺北：地平線出版社，1971年1月），頁287。
⑬ 林耀椿：〈從錢鍾書「退」的人生觀看「錢學」的發展〉，《國文天地》第9卷第2期（1993年7月），頁98-100。

就近求教，如許雪姬、秦賢次、黃英哲等先生對於民國三十六、七年的報紙熟悉無比，可是對於錢鍾書先生來臺的事，他們皆沒有印象，當時書林出版社蘇恆隆先生提供說《臺大校刊》聽說有錢老一篇文章⑭，這本校刊，臺大圖書館未必有藏。今年有機會到上海，復旦大學王水照先生提及錢老來臺之事，因王先生當年曾經參與錢老主持編寫《中國文學史》唐宋段⑮，他很願意有機會向錢老求證。我也曾經向中國科學院文學研究所楊義先生求證，他也不清楚。可是我仍然不放棄此公案的探詢，也就冒昧給北京三里河錢老寫信，可是無回音這是預料之事。

錢先生既然來過臺北，為何在大陸出版幾本傳記都沒有提及，令人喪氣。⑯黃維樑先生策劃「錢鍾書專輯」⑰也沒有提及。莊申先生在《名家翰墨》寫一篇〈「為君壽」與「為君長年」──對臺靜農世伯治文與所書聯語所寫的腳註〉提及：

---

⑭《臺大校刊》根據《自立晚報》第4版，1947年10月12日，有報導：「《臺大校刊》第一期業已出版，第二期也於日內發刊。」承蘇恆隆先生惠知，並提供錢先生給其令兄蘇正隆先生的信，謹此致謝。
⑮ 中國科學院文學研究所中國文學史編寫組《中國文學史》（北京：人民文學出版社，1992年5月），另見王水照先生：《唐宋文學論集》（濟南：齊魯書社，1984年7月）的〈後記〉，頁389。
⑯ 近年來大陸出版有關錢鍾書傳記有以下幾種：孔慶茂：《錢鍾書傳》，見註⑪；愛默：《錢鍾書傳稿》（天津：百花文藝出版社，1992年4月）；張文江：《文化崑崙──錢鍾書傳》（臺北：業強出版社，1993年6月）；胡志德（Theodore Huters）：《錢鍾書》（北京：中國廣播電視出版社，1990年12月）。
⑰《聯合文學》第5卷第6期（1989年4月），頁112-187。

民國三十六年，教育部組織過一個文化訪問團，訪問的目
的地是臺灣。訪問團的團員有錢鍾書、向達、鄭振鐸，等
知名學者，此外，先父也是團員之一。⑱

這條資料算是最清楚說明錢老訪問臺灣的資料，到底是三十六
年或是三十七年，又幾月來，有多少人，拜訪哪些人、哪些機
構，種種問題，有待查證。莊先生此文乃是為《名家翰墨》
「臺靜農、啟功」專輯寫的。當時臺先生在臺大，也因此這訪
問團必拜訪臺大中文系，而三十六年臺大中文系主任是許壽裳
先生，當北岡正子、秦賢次、黃英哲等先生編的《許壽裳日記》
出版⑲，我借得勤奮翻閱想從中獲得一點訊息，這本日記記自
1940 年 8 月 1 日至 1948 年 2 月 18 日，即是許先生被殺當日。
當時許先生受陳儀之邀請來臺主持臺灣省編譯館（1946 年 8 月
7 日正式成立），這組織許先生投下很大心力，懷有極大熱忱
為臺灣同胞在文化事業奉獻心力，可是種種阻力，不到一年此
組織便遭裁撤。他來臺灣的第一年日記（1947 年 7 月 25 日）
寫下：

來台整整一年，籌備館事，初以房屋狹窄，內地交通阻

⑱《名家翰墨》1990 年 12 月第 11 號，〈臺靜農、啟功專輯〉。
⑲ 北岡正子、秦賢次、黃英哲編：《許壽裳日記》（1940 年 8 月 1 日
　至 1948 年 2 月 18 日）（東京：東京大學東洋文化研究所，1993 年
　3 月）。

滯，邀者遲遲始到，工作難以展開，迨今年一月始得各項
開始，而即有二二八之難，停頓一月，而五月十六日即受
省務會議決裁撤……。⑳

　由於當時國內的確危急，來臺交通並不方便，到館者有李
霽野、袁珂（聖時）、李竹年（何林）等人。該組織分有四
組：㈠學校教材組，㈡社會讀物組，㈢名著編譯組，㈣臺灣研
究組。開鑼不久，皆有成果出版，社會讀物組「光復文庫」第
一種許壽裳《怎樣學習國語和國文》、第二種賁承燊編《標點
符號的意義和用法》、第三種楊乃藩《簡明應用文》皆在 1947
年 4 月發行。而名著編譯組也在 1947 年 1 月出版第一種由李霽
野翻譯英人吉辛（George Gissing）的《四季隨筆》(*The Private
Papers of Henry Ryecroft*)，這書是李霽野於 1944 年在北碚所譯
的。㉑除此之外待印另有五種，其中有李霽野夫人劉文貞譯哈
德生散文集《鳥與獸》。㉒相當可惜許先生有許多計畫皆無法
進行，移交給省教育廳編審委員會計近三十件。

---

⑳ 同前註，頁 254。

㉑ 李霽野譯：《四季隨筆》（臺北：臺灣省編譯館，1947 年 1 月）。
　另見李霽野：〈美國的散文名著——《四季隨筆》〉，《聯合報》
　1991 年 4 月 2 日〈聯合副刊〉）。

㉒ 李霽野：〈自傳及著譯簡談〉，《中國當代社會科學家》第 2 輯
　（北京：書目文獻出版社，1982 年 6 月），頁 182。關於李霽野先
　生近況見鄒十踐：〈憶往談舊錄——李霽野、魯迅、周作人、朱
　安和臺靜農〉一文，《人物》（1995 年 4 月），頁 87-96。從此文得
　知李何林長期擔任北京魯迅博物館館長，他於 1988 年 11 月 9 日逝
　世於北京。

　　雖然在許先生日記找不到蛛絲馬跡，那繼承許先生任臺大中文系主任的喬大壯（喬劬），他的資料更少，1948 年暑假後，臺大並未再續聘他，於是離開臺灣，令人惋惜的是當年喬氏便棄世自沉蘇州平門梅村橋下㉓，享年五十七歲，重演屈原、李白、王國維的悲劇。而接任者是臺靜農先生，如今他也作古。因此，這條線索已很難追尋。

　　另一可探尋的線索，便是秦賢次先生提供翻印的《臺灣文化》㉔，這個刊物是「臺灣文化促進會」之機關刊物，發行人游彌堅，主編有蘇新、楊雲萍、陳奇祿，創刊於 1946 年 9 月 15 日，至 1950 年 12 月 1 日停刊，秦先生說：

　　光復初期創刊的期刊中，為時最久，水準最高，影響最大的一份雜誌。

　　此刊物有「文化動態」、「本會日誌」、「近事雜記」、「本省文化」等專欄，穿插在各期中，但從中並沒有發現文化訪問團的報導。從此刊物看出中國文化生命傳承與臺灣是不能分離的。譬如在第一卷第二期便是「魯迅逝世十週年特輯」。㉕從文章比例看來所謂「臺灣文化」似乎不成比例，事實上看看「臺灣文化促進會」宗旨便清楚知道：

㉓ 劉紹唐主編：《民國人物小傳》（臺北：傳記文學出版社，1985
　　年 12 月），第 7 冊，頁 334。
㉔《臺灣文化》（臺北：傳進文化事業公司，影印本，不著出版年
　　月）。
㉕ 這專輯有許壽裳、田漢、雷石榆、楊雲萍等人撰稿紀念。

　　本會以聯合熱心文化教育之同志及團體協助政府宣揚三民主義傳播民主思想改造臺灣文化推行國語國文為宗旨。㉖

　　但這種刊行方式，也招來抗議，因此，主編便接受批評而說：

　　本期自下期起，擬多載有關臺灣的文化的文字。日前，有一位朋友批評本誌說：《臺灣文化》，每找不到「臺灣文化」，我們願接受這批評。㉗

此後對於「臺灣文化」之文章，顯然大幅度增加。

　　經過如此折騰翻滾，仍然沒有半點眉目，於是我向莊申先生請教，所得答案應是 1947 年來臺，但莊先生也不完全確定，要我翻閱報紙及查教育部檔案，但始終沒有去嘗試，這次為了澈底解決問題先查詢較容易得到的《自立晚報》。這也是幾年前林慶彰老師要我查詢的報紙。

　　《自立晚報》創始於 1947 年 10 月 10 日，我以為錢老必在 1948 年 2 月以後來的，因為《槐聚詩存》有〈贈喬大壯先生〉的詩：

　　一樓波外許摳衣，適野寧關吾道非，春水方生宜欲去，青

㉖《臺灣文化》第 1 卷第 1 期（1946 年 9 月），頁 28。
㉗《臺灣文化》第 3 卷第 4 期（1948 年 5 月），頁 28。

天難上苦思歸。耽吟應惜拈髭斷，得酒何求食肉飛，著處
行窩且安隱，傳經心事本相違。

錢先生有小註「先生思歸蜀，美髯善飲」，可見錢先生必拜訪
當時剛接系主任的喬大壯，同時也透露出喬先生想回內地心
情。因此，1948 年以後的部分我便小心的閱讀，2 月 18 日
後，因「許壽裳事件」每日皆可見報導，直到 3 月 23 日抓到
兇手為編譯館前工友高萬俥。這個事件對於許多學者再回大陸
有相當大的影響。千辛萬苦搜尋中，終於在 4 月 14 日看到
「錢鍾書先生講〈中國詩與中國畫〉文展學術演講紀錄稿之
五，本報記者未名筆記」。㉘原來是教育部在臺北要舉行一個
文物展覽會，應邀參加這個展覽會的人員在 1948 年 3 月 18 日
抵達基隆，由當時省政府教育廳長許恪士親自登輪迎接，有當
時中央圖書館館長蔣復聰（應作璁）、中央博物館向達、王振
鐸、故宮博物院莊尚嚴，及教育部人員、上海市收藏家計二十
二人。促成這次文物展覽會者乃當時教育部長朱家驊先生，報
載說：

教育部長朱家驊，前次蒞臺視察返京後，為關懷啟發臺胞
教育，使臺灣同胞借鏡觀覽祖國歷代文物，特諭由中央圖
書館，中央博物院，故宮博物院酌配歷代文物及善本圖
書，並邀滬市藏家參加。品類有圖書、瓷器、陶器、銅

㉘《自立晚報》第 1 版，1948 年 4 月 14 日。

器、銀器、俑及善本書等，計 661 件。㉙

　　展覽會 3 月 24 日在臺北市省博物館、圖書館舉行，當時由教育部次長田培林主持開幕。依當時國事蜩螗，多事之秋，有這樣的舉動，可預料當時政府已有遷臺之構想，而當時來臺視察的要人很多，如蔣介石夫婦（1946 年 10 月 21 日）、宋子文（1946 年 1 月 25 日）、蔣經國（1947 年 3 月 17 日）……等人。

　　此次展覽會，故宮博物院文物並沒有來臺展出，田先生在當場答覆觀眾說：「故宮博物院存品，若是拿到外邊來，必須經過理事會通過，理事會不即召開，受時間上的限制，所以沒有來臺參加。」㉚故宮的文物沒有來臺，當然這可看性就沒有那樣高，因為此次展覽以書畫為主。我猜測當時故宮文物已開始準備遷臺，約半年後在 1948 年 12 月 21 日由南京運出。㉛

　　除了展覽會外，另有專家專題演講，依《自立晚報》記者記錄有以下幾場演講：

㉙《自立晚報》第 1 版，1948 年 3 月 19 日。另見朱家驊：〈向臺灣全省教育人員廣播詞〉（1948 年）及〈臺灣省第一屆全省教育會議致詞〉（1948 年 1 月 18 日在臺中），《朱家驊先生言論集》（臺北：中央研究院近代史研究所，1977 年 5 月），頁 207-213。昌彼得〈我所認識的莊慕陵先生〉，收入《故宮、書法、莊嚴》（臺北：雄獅圖書公司，1999 年 9 月），頁 232。
㉚《自立晚報》第 1 版，1948 年 3 月 24 日。
㉛那志良：《憮今憶往話國寶》（香港：里仁出版社，1984 年 8 月），頁 201。

第一場　3月30日上午　向　達　〈敦煌佛教藝術〉

　　　　　　　　　　　　　　（登載在民國37年4月

　　　　　　　　　　　　　　12日）

第二場　3月30日下午　李玄伯　〈中國古代社會與近代

　　　　　　　　　　　　　　初民社會〉

　　　　　　　　　　　　　　（4月4. 5. 6日）

第三場　3月31日上午　王振鐸　〈指南針發明史〉

　　　　　　　　　　　　　　（4月7. 9. 10日）

第四場　3月31日下午　莊尚嚴　〈中國繪畫概說〉

　　　　　　　　　　　　　　（4月11. 12日）

第五場　4月　1日上午　錢鍾書　〈中國詩與中國畫〉

　　　　　　　　　　　　　　（4月14. 15. 16）

第六場　4月　1日下午　屈萬里　〈中國刻本書前的圖書〉

　　　　　　　　　　　　　　（4月17. 18日）

第七場　4月　2日上午　蔣復璁　〈中國書與中國圖書館〉

　　　　　　　　　　　　　　（4月19. 20. 21日）

這七場演講皆與書畫、文物相關，因4月22日之後便無記錄
稿的刊載，可見只有七場。這些演講地點是在臺灣大學法學
院，從報紙報導情況聽講的人似不多，「學術演講一般說地點
太偏了，中心一點，也許聽的人還要多」。㉜可是在4月1日晚
報記者有消息報導錢鍾書先生那一場演講情形，盛況空前，茲

㉜《自立晚報》第4版，1948年4月1日。

轉錄如下：

> 文物展覽學術講座今日為第三日，上午第五次演講，當講
> 者，為小說家錢鍾書，題為「中國詩與中國畫」，九時後
> 聽眾漸多，女師商職學生佔了三分之一座位，是三日以來
> 最多者。十時錢氏步上講台，由劉院長（按：乃指法學院
> 院長劉鴻漸）介紹後即幽默語調開始說，劉院長介紹使我
> 心理很惶恐，像開出一張支票，怕不能兌現，引得哄堂大
> 笑。後又說：好在今天是愚人節，我這愚人站在這裡受審
> 判。接著開講，由中外畫上引證畫與詩本是一件東西用兩
> 種技巧，二種不同工具表現出來得東西，後即對中國畫與
> 中國詩並不是足可以代表，中國畫的畫中就可以找到中國
> 詩的特點，說明頗詳，旁敲側擊，說得頭頭是道，至十一
> 時始畢。㉝

幽默風趣的錢先生被視為小說家，早於四十七年前的臺灣已如
此風采，受人歡迎。當時他三十八歲，《圍城》剛出版一年，
臺灣的讀者必有不少人看過，否則聽眾不會門庭若市。

　　錢先生講〈中國詩與中國畫〉與這次展覽會相當契合，因
為展覽會以書畫作品為主。當時錢先生是《書林季刊》
（Philobiblon）的主編（國立中央圖書館發行），館長是蔣復璁
先生，任此次展覽會的團長，當然會邀請錢先生一起來，以壯

㉝《自立晚報》第1版，1948年4月1日。

《自立晚報》刊載錢鍾書的講稿

行色。錢先生講題雖然八年前已發表過[34]，但配合展覽會的設計有其可聽性。可惜記錄稿有些錯誤，可能手民誤植，如「好在今天是 aprie fooe」應是「April fool」；斯屈來欠（人名）Lvttonrachey，應是 Lytton Strachey；《人物與評論》（Charactersd Commenta resi）應是（Characters and Commentaries）。[35]

每一場記錄稿皆沒有讓講者看過，當因稿件刊出時，這訪問團可能已回大陸，因為展覽時間只有三週[36]，這些記錄稿，雖然有些訛誤之處，但是從文化命脈

---

[34] 〈中國詩與中國畫〉初載藍田《國立師範學院季刊》第 6 期，而後收入葉聖陶編：《開明書店二十周年紀念文集》（北京：中華書局，1985 年 6 月），頁 157-188。後又收入《舊文四篇》（上海：上海古籍出版社，1979 年 9 月）；《七綴集》（上海：上海古籍出版社，1985 年 12 月）。

[35] 葉聖陶編：《開明書店二十周年紀念文集》，頁 186。

來看，彌足珍貴。這次文物展覽會也遭人批評，尤其是書畫部分，楊雲萍說：「此次教育部舉行的文物展覽會，確給予我們一些興奮。……只是，老實說，所展覽的字畫的所謂名家，大家的作品中，除董其昌的書法屏，華品的〈寒山拾得圖〉等少數外，作者的真贗，頗有可議的。」㊲前已提及故宮博物院的書畫不能來臺展覽，只能向上海私人收藏家商借來展示，才會有如此質疑。所以莊尚嚴先生在演講說：

> 這次教育部主辦的文物展覽會，以書畫佔大部份，因為時間關係，故宮博物院的書畫不能帶來，多半是上海私人收藏家的珍品，東鱗西爪，看不出中國畫演變的梗概。㊳

大陸學者在當時有許多人來臺，主要是臺灣回歸祖國懷抱，要在此處建設中國文化的根基。這訪問團正好遇上許壽裳先生被刺事件，《自立晚報》幾乎每天有此事件的報導，我們猜測錢先生看到此情況，再加上與喬大壯等人會晤，心中必有

㊱ 根據昌彼得編：〈蔣慰堂先生九十年表〉，見 1948 年「三月，教育部組織文化宣慰團，派先生為團長，邀集中央圖書館、中央博物院籌備處、以及滬上收藏家，各選擇所藏圖書文物精品，運赴臺灣，假省立博物館舉辦文物展，以宣揚祖國文化，於四月初抵臺（應是三月二十二日左右），展覽三周後返京。」見《蔣慰堂先生九秩榮慶論文集》（臺北：中國圖書館學會，1987 年 11 月），頁 715 。《鄭振鐸全集》（石家莊：花山文藝出版社，1998 年 11 月），第 17 冊，頁 548-558 。

㊲ 楊雲萍：〈近事雜記〉（十四），《臺灣文化》第 3 卷第 4 期（1948 年 5 月），頁 38 。

㊳《自立晚報》第 1 版，1948 年 4 月 19 日。

不同的感受，又「二二八」
事件發生不久，使得一些學
人對留在臺灣猶豫不定。錢
先生詩作〈草山賓館作〉：

> 空明丈室面修廊，睡起
> 憑欄送夕陽，花氣侵身
> 風入帳，松聲通夢海掀
> 床。放慵漸樂青山靜，
> 無事方貪白日長，佳處
> 留庵天倘許，打鐘掃地
> 亦清涼。㊴

錢鍾書旅居草山賓館所撰詩作

從詩作中看出錢老心境，幽靜空靈的草山，松聲山泉飛瀑，鳥
語花香滿室，桃源人間仙境，與世無爭。可見錢先生對此地的
印象，極為讚賞，否則不會有「打鐘掃地亦清涼」的心境。

當陳儀主政臺灣時，有許許多多學者隨他來或是自行來訪
問、參觀、表演。例如馬思聰（1946 年 7 月）、歐陽予倩
（1947 年 1 月）㊵、巴金（1947 年 6 月）㊶、田漢（1947 年 11

㊴ 錢鍾書：《槐聚詩存》（北京：三聯書店，1995 年 3 月），頁 95-
96。草山賓館圖片可見周婉窈《臺灣歷史圖說》（臺北：聯經出版
事業公司，1997 年 10 月），頁 151。

㊵ 歐陽予倩於 1947 年 1 月隨「新中國劇社」來臺演出，演出劇目有
〈鄭成功〉、〈桃花扇〉、〈日出〉、〈牛郎織女〉等。《歐陽予倩
全集》（上海：上海文藝出版社，1990 年 9 月），第 6 卷，頁 452。

月）⑫、豐子愷（1949 年 10 月）⑬、劉海粟（1948 年 2 月）
⑭、袁珂（聖時）、李霽野、魏建功、羅根澤等人。⑮楊雲萍
如實的說：「近來，有一種流行，就是從省外來臺灣視察的貴
客，莫不以稱贊本省，嘉許本省的現狀的話，作他們的視察的
感想。」⑯當時臺灣剛回歸祖國，內地的人皆懷有憧憬，想來
看看。他們的意見不見得皆是好的。錢歌川（味橄）說：

> 勝利到臨，許多朋友，多隨著陳儀長官到了臺灣。從事文
> 教工作，也頗不乏人，有的流連忘返，有的卻不到幾個月
> 就重返內地了。……有的人把臺灣比同仙境，說的天花亂
> 墜，有人卻訴說臺灣生活之苦，枯燥無味，一無可取。⑰

---

⑪ 巴金於 1947 年 6 月 25 日訪臺。參見《臺灣文化》第 2 卷第 5 期
（1948 年 8 月），頁 9；巴金：《巴金隨想錄》（香港：三聯書店，
1988 年 5 月），第二集〈探索集——懷念烈文〉，頁 59-69。
⑫《臺灣文化》第 3 卷第 1 期（1948 年 1 月），頁 31，〈文化動態〉
有載：「戲劇家田漢，偕音樂家安娥女士，以及田之女公子媽
琍，於月前來臺。」
⑬《臺灣文化》第 4 卷第 1 期（1949 年 3 月），頁 21，〈本會日誌〉
有載：「下午三時，假中山堂貴賓室，舉行茶會歡迎豐子愷先
生。」
⑭《臺灣文化》第 3 卷第 3 期（1948 年 4 月），頁 24，〈本會日記〉
有載：「本會暨省記者公會、省教育會、省文藝社、省藝術建設
協會等假中山堂貴賓室聯合舉行歡迎名畫家劉海粟先生茶會。」
⑮ 王叔岷先生《慕廬憶往》（臺北：華正書局，1993 年 12 月），頁
70。
⑯ 楊雲萍：〈近事雜記〉㈡，《臺灣文化》第 2 卷第 1 期（1947 年 1
月），頁 18。
⑰ 味橄（錢歌川）：〈入臺記〉，《臺灣文化》第 2 卷第 6 期（1947
年 9 月），頁 6-9。

　　我們不難看出當時臺灣與內地學術界往來之頻繁，同時對
出版界資訊、文藝活動等皆有掌握。可是政治情勢的改變，有
些人畏懼二二八事件、許壽裳事件諸如此類悲劇再發生便紛紛
回到內地。李霽野在二二八事件發生之後，便逃回內地，他無
奈的說：「要逮捕我的傳聞又迫使我深夜攜家逃亡，經香港於
1949 年五一節前夕到達天津。」⑱當時兩地的確不太穩定，尤
其內地情況更糟，如「黎烈文原擬離臺赴閩，聞因臺灣生活比
較安定關係，臨時打消原意」。⑲

　　這次文物展覽會大約是 1948 年 4 月中旬便結束，政治情
勢詭譎多變，造成兩岸日後為文物之所有權恣肆謾罵。臺灣百
姓有機會欣賞到此次展覽，雖不全是精品，但也見識到故國的
文物之美。朱家驊先生用心良苦，有其貢獻。各演講人配合展
覽，其演講內容也發揮最大效果。而錢先生這一次旅臺演講
「寓草山一月」，如今不想再「舊地重遊」，就四十七年後今天
看來，其意義非凡。對於因政治體制造成文化上的隔閡，令人
惋惜。但臺灣與中原文化血源命脈，始終脫離不了關係。

補記：本文原載《中國文哲研究通訊》第五卷第四期（1995
年 12 月），頁 33-43。曾寄呈錢鍾書先生夫婦指正。楊季康先
生請欒貴明先生代筆覆函，欒先生大札說：「錢先生多次說起
五十年前的寶島之行，對海天青山，學府學人均讚不絕於

---

⑱ 同註㉒，頁 183。
⑲《臺灣文化》第 2 卷第 7 期（1947 年 10 月），頁 7。

口。」可見錢先生對臺灣之印象。本文收入此書時，僅就原刊有數處更正補充。

相關文獻

林耀椿　　錢鍾書在臺灣
　　　　　中國文哲研究通訊　第 5 卷第 4 期（總第 20 期）
　　　　　頁 33-43　1995 年 12 月

林耀椿　　錢鍾書在臺北演講
　　　　　中央日報　副刊　1996 年 1 月 26 日

林耀椿　　錢鍾書在臺灣演講
　　　　　錢鍾書評論·卷一　頁 30-43　北京　社會科學文獻出版社　1996 年 11 月
　　　　　不一樣的記憶：與錢鍾書在一起　頁 226-234　北京　當代世界出版社　1999 年 8 月

附　　錄

一、梁啓超在臺作品彙編

邱白麗＊整理

凡　例

一、連雅堂主編的《臺灣詩薈》中所收錄的《海桑吟》諸詩與
　　臺灣中華書局出版的《飲冰室文集》第十六冊及《新大陸
　　遊記節錄》附錄之〈遊臺灣書牘〉中所刊載的字句有部分
　　差異。《臺灣詩薈》所根據的版本，未能確定。

二、黃得時曾在所著之〈梁任公遊臺考〉一文中，根據葉榮鐘
　　所珍藏經趙堯生刪定後的《海桑吟》手抄本，對照出《海
　　桑吟》諸原作與刪定後之差異。因為趙堯生的刪定本並未
　　流通，此處所收錄之詩詞作品，將依黃得時之比較及《飲
　　冰室文集》、《臺灣詩薈》、《遊臺灣書牘》中所收錄之詩
　　詞互相參照收錄，並將未刪定前之原作及刪定後之不同版
　　本羅列於後，以資參考。

三、以下《飲冰室文集》簡稱《文集》，《臺灣詩薈》簡稱
　　《詩薈》，《遊臺灣書牘》簡稱《書牘》。

■**遊臺灣書牘　宣統三年（1911）**

＊　邱白麗，輔仁大學中國文學系博士生。

第一信　　陰曆二月二十六日

編輯部諸君鑒：

　　僕等以二月二十四日成行矣。茲遊蓄志五年，今始克踐，然幾止者且屢，若再荏苒，則彼中更炎歊不可住，又當期諸一年以後，故毅然排萬冗以行。首塗前蓋數夜未交睫也。吾茲行之動機，實緣頻年居此，讀其新聞雜誌，盛稱其治臺成績，未嘗不愀然有所動於中。謂同是日月，同是山川，而在人之所得，乃如是也。而數年以來，又往往獲交彼中一二遺老，則所聞又有以大異乎前，非親見，又烏乎辨之。此茲行所以益不容已也。大抵茲行所亟欲調查之事項如下：

一　臺灣隸我版二百年，歲入不過六十餘萬。自劉壯肅以後，乃漸加至二百餘萬。日人得之僅十餘年，而頻年歲入三千八百餘萬。本年預算且四千二百萬矣。是果何道以致此，吾內地各省若能效之，則尚何貧之足為憂者。

二　臺灣自六年以來，已不復受中央政府之補助金。此四千餘萬者，皆臺灣本島之所自負擔也。島民負擔能力，何以能驟進至是？

三　臺灣政府前此受其中央政府補助數千萬金，又借入公債數千萬金。就財政系統言之，則臺灣前此之對於其母國，純然為一獨立之債務國，今則漸脫離此債務國之地位矣。此可謂利用外債之明效大驗也，吾國外債可否論方喧於國中，吾茲行將於茲事大有所究索。

四　臺灣為特種之行政組織，蓋沿襲吾之行省制度，而運用之極其妙也。吾國今者改革外官制之議，方嘵嘵未有所決，求之

於彼，或可得師資一二。

五　吾國今後言殖產興業，要不能不以農政為始基。聞臺灣農政之修，冠絕全球。且其農事習慣，多因我國。他山之石，宜莫良於斯。

六　臺灣為我領土時，幣制紊亂，不可紀極。日人得之，初改為銀本位，未幾遂為金本位。其改革之次第如何，過渡時代之狀態如何，改革後之影響如何，於我國今日幣制事業，必有所參考。

七　日本本國人移殖於臺灣者，日見繁榮。今日我國欲行內地殖民於東三省、蒙古、新疆諸地，其可資取法者必多。

八　臺灣之警察行政，聞與日本內地系統不同，不審亦有可以適用於我國者否。我國舊行之保甲法，聞臺灣采之而卓著成效，欲觀其辦法如何。

九　臺灣之阿片專賣事業，自詡為禁煙之一妙法，當有可供我研究者。

十　臺灣前此舉行土地調查，備極周密。租稅之整理，其根本皆在於此。何以能行而民不擾，又其所行之戶口調查，係適用最新技術，日人自誇為辦理極善。今者日本本國，將行國勢調查，即以為法，欲觀其實際詳情如何。

　　吾茲遊所調查之目的略如右，其他則俟臨時當更有所觸發也。首塗以來，入夜必為遊記，歸後當更布之。或亦吾國治政聞者，所急欲覯乎。舟次百不備，文蕪不可讀，惟亮察。

　　　　　　　　　　某頓首　　笠戶丸門司舟次發

第二信　　陰曆二月二十九日

編輯部諸君鑒:

　　昨二十八日抵臺矣。沿塗水波不興,雖深畏海行如明水先生者,亦飲啖勝常,致可喜也。前日舟掠溫臺界而南,遙望故國,青山一髮,神往久之。占一絕云:

　　滄波一去情何極,白鳥頻來意似闌。卻指海雲紅盡處,招人
　　應是浙東山。

舟中設備極新,娛樂之具畢陳。日本人航海事業之發達可驚也。已置無線電報,在舟中發行報紙。未至前一日,遺老林君獻堂即以無線電報歡迎,且祝海行安善。亦占一絕云:

　　迢遞西南有好風,故人相望意何窮。不勞青鳥傳消息,早有
　　靈犀一點通。

舟次多暇,日以詩自遣,得十數章,當以入遊記,不復鈔呈矣。舟入雞籠,警吏來盤詰,幾為所窘。幸首塗前先至東京乞取介紹書,否則將臨河而返矣。臺灣乃禁止我國人上陸,其苛不讓美、澳。吾居此十年而無所知,真夢夢也。雞籠舟次,遺老歡迎者十數。乘汽車入臺北,迎於驛者又數十。遺民之戀戀於故國,乃如是耶。對之惟有增恧。舍館甫定,匆匆奉布,不盡萬一。

　　　　　　　　　　　　　　某頓首　　臺北日之丸旅館發

第三信　　陰曆三月三日

編輯部諸君鑒:

　　首塗後奉兩書,計以次達。抵此已五日,日則詣各局所調

查，夜則與遺老相晤對，無片晷得休息也。雖為日尚淺，然已起種種異感，諺所謂百聞不如一見，不虛也。根觸萬端，豈片紙所能述，俟諸異日耳。

此間百無所有，惟有一總督府耳。總督，天帝也。立憲國之君主，視之蔑如矣。其官吏別有一種習氣。居日本十年所不能覯也。吾至此，不得不以禮往謁，乃適如昔人所謂因鬼見帝者，殊可一笑。三謁不得要領，卒辭以疾。殖民地之官吏，如是其尊大也。猶謝其派一通譯官為嚮導，乃得徧歷諸局所調查，獲種種便利，此莫大之人情耳。

劉壯肅所營故城毀矣。留其四門，以作紀念，今屹然於西式堊室與東式木屋之間。日過其下，劌心怵目。故撫署，今為總督府，吾曾入之，歸而累欷，得一絕云：

幾處榱題敝舊椽，斷碑剗剝草成煙。傷心最有韓南澗，凝碧池頭聽管絃。

遺老之相待，有加無已。自顧何以當此。昨日乃集百餘輩，大設歡迎會於臺北故城之薈芳樓。吾席間演說之辭，真不知如何而可。屬耳在垣，笑謇皆罪耳。他日當以入遊記，此弗述也。夜歸賦長句四首以謝。今錄呈其一，傷心人讀此，應同茲懷抱耶。

遠遊王粲漫懷歸，卻踏天涯訪落暉。花鳥向人成脈脈，海雲終古自飛飛。尊前相見難啼笑，華表歸來有是非。料得隔江諸父老，不緣漢節使沾衣。

明日將入臺中矣。懷抱殊惡，不罄百一，悉容續報，惟眠食自攝。

某頓首　　臺北日之丸旅館發

第四信　　陰曆三月七日

編輯部諸賢鑒：

　　吾茲行乃大失望。臺灣之行政設施，其美備之點誠極多，然此皆一般法治國所有事耳，不必求諸臺灣也。吾所為殷然來遊者，徒以臺灣居民，皆我族類，性質習俗，同我內地，欲求其制度之斟酌此性習而立者，與夫其政術之所以因此性習為利導之者。吾居此浹旬，而不禁廢然思返也。臺灣之足稱為善政者，則萬國之公政，無論措之何地而皆準者也。若夫臺灣特有之施政，為日本內地及他文明國所未行者，斯則非直吾國所能學，抑又非吾之所忍言也。吾旬日來劌心怵目，無淚可揮，擬仿白香山秦中吟，為詩數十章記之。今先寫三首奉寄，以當面語。

　斗六吏

　警吏陣斗六，數百如合圍。借問此何者，買地勞有司。赫赫糖會社，云是富國基。種蔗當得由，官價有程期。小人數畝田，死父之所遺。世守亦百稔，饘粥恆於斯。願弘一面仁，貸此八口飢。欲語吏先嗔，安取閒言辭。府令即天語，豈天乃可違。眾雛各有命，何不食肉糜。出券督畫諾，肘後吏執持。拇印失爛熳，甘結某何誰。昔買百緡強，今賣不半之。便願不取直，方命還見笞。一日買十甲，一月千甲奇。入冬北風起，餓殍聞路歧。會社大煙突，驕作竹筒吹。

　墾田令

府帖昨夜下，言將理原隰。自今限名田，人毋過十甲。聞官
方討蕃，境土日安集。墾草宜待人，官寧親畚錭。官云汝母
國，齒稠苦地陋。每每此原田，將以世其業。舊田不汝追，
帝賚已稠疊。安得非分求，無厭若馮鋏。貴人于于來，生事
須長鬣。汝能勤四體，自足丐餘汁。吁嗟討蕃軍，巨萬費楮
帖。借問安所出，駞隸與蠶妾。舊田賣已空，新田取難襲。
鬻身與官家，救死儻猶及。悠悠彼何人，哀哀此束溼。

公學校

道周逢群童，人言是學生。借問何學級，所學何課程。此間
有良校，貴人育其英。島民賤不齒，安得抗顏行。別有號公
學，不以中小名。學年六或四，入者吾隸萌。所授何讀本，
新編三字經。他科皆視此，自鄶寧足評。莫云斯學陋，履之
如登瀛。學塗盡於斯，更進安所營。貴人豢我輩，本以服使
令。豈聞擾牛馬，乃待書在楹。漢氏屬學官，自取壞長城。
秦皇百世雄，談笑事焚阬。

右詩不過舉其一、二事，即一事亦不過舉其內容之百一。實則
重傷累感，豈筆札所能傳者。臺灣自有所謂土地收用規則者，
與日本現行之土地收用法迥別，凡官吏認為公益事業所必要
者，得任意強取人民之所有，而所謂行政訴訟、行政訴願者，
絕無其途。前年斗六廳下，至出警吏數百合圍強攫，猶其最著
者耳。其他類此者，月有所聞。臺灣人之財產所有權，固無一
時可以自信自安也。至於教育事業，則更如兒戲。詩中所言，
乃其學制耳。若夫學校教授管理之內容，乃更有意想所萬不及
者（吾別有詩未成）。要之，臺灣識字之人本少，更十年後，

則非惟無識中國字者，亦將並無識日本字者矣。寄語國中父老昆弟，勿以亡國二字為口頭禪，勿謂為大國順民，可以耕食鑿飲也。懷抱萬千，書何能究。

　　　　　　　　　　某頓首　　臺中丸山旅館發

第五信　　陰曆三月八日

編輯部諸公英鑒：

　　奉手示，並翦寄神州日報，已讀過，真可發噱。吾在此方無限懊惱，無限憤抑，觀此亦不禁破涕為笑也。彼言臺灣總督招我往，豈知我親往東京求介紹書，費爾許周折耶。豈知吾至雞籠，幾於臨河而返耶。豈知吾在臺時因鬼見帝之難耶。彼謂我將頌揚彼都功德，彼安之我頃者每夕所作之日記作何語者，又安知我懷抱無量數深痛隱恨，而為遺老計，投鼠忌器，猶不敢盡以形諸楮墨耶。前寄尊處數書，想已達。吾非萬不得已，又何苦居人國而非其大夫耶。曾是受人指使者而許作此等語耶。此種報紙，閉門造新聞，真大省事。所惜者，未免自污損其價值耳。公等恚怒何等者，桀犬之吠，而與校耶。

　　顧吾有不能不一言者，吾茲遊本欲察臺灣行政之足為吾法者，而記述之以告國人。今固大失望也。雖然，其中又豈竟無一、二可師者，就中若改幣制、辦專賣、興水利、調查土地戶口、干涉衛生等，多有獨到之處。應用最新之技術，萬國所共稱嘆，吾又安能違心以詆之耶。吾國人又安可不虛心以效之耶。吾他日有所言，彼輩則將曰是劇秦美新也，是李完用也。天下有此無理取鬧之輿論耶。夫以現在無法律之中國，為報館

者，安心欲誣陷一人，亦誰得捫其舌。但君子惜其太不自愛耳。臺灣之治，其最可佩服者，在於整齊嚴肅，使其將外視本島民之一點除去，則真官僚政治之極軌也。吾所最生感者，在其技師之多而賤。吾國欲效之，則養成各項技師，最少亦須十年，真不易哉。至此深有味乎南海之物質救國論也。今日清明，旅思增重，俯仰身世，云何可言，惟自愛千萬。

某頓首　　臺中霧峰莊萊園發

第六信　　陰曆三月十四日

編輯部諸君鑒：

頃行矣。歸舟所滿載者，哀憤也。舟中西望故國，豈惟慨嘆，直不寒而慄耳。此行所最生感者，則生計上之壓迫是也。一受此壓迫，殆永劫無擺脫之期。吾於全臺，遊歷過半，見其一切日用品，殆無不來自日本。即如所穿之屐及草履，所食之麵及點心，皆然。舉其小者，大者可推矣。中國貨物，殆杜絕不能進口，保護關稅之功用，其可畏有如此者。臺灣本絕無工藝品，而中國貨則稅率殆埒其原價。其舍日本貨外，更無可用亦宜。而日本貨之價，亦遠貴於日本本境。以物價比例於勞庸，則臺灣物價之昂，蓋世界所罕見也。以故臺灣人職業雖似加於昔，每日所得工錢雖似增於昔，然貯蓄力乃不見其增而惟見其減。就此趨勢推之，其將來豈堪設想，而還顧我祖國，其將來又豈堪設想也。舟中檢點日來所為雜詩，得十餘章，錄以奉覽。

臺灣雜詩

千古傷心地，畏人成薄遊。山河老舊影，花鳥入深愁。人境
今何世，吾生淹此留。無家更安往，隨意弄扁舟。九點齊煙
外，蒼茫別有天。下田猶再熟，甘果不論錢。處處泉通脈，
村村花欲然。歲時不改舊，信是漢山川。

故老猶能說，神功締造深。廢興三國志，戰伐百年心。幾鑿
張騫孔，仍來陸賈金。早知成覆水，休誦白頭吟。（臺灣先
後為荷蘭、西班牙、法蘭西三國所陷，我族卒光復之。日本人足
跡，前固未一履臺土也，使鄭氏能保其世，臺灣或不至有今日
乎。）

桓桓劉壯肅，六載駐戎軒。千里通馳道，三關墾舊屯。即今
非我有，持此欲誰論。多事當時月，還臨景福門。（劉壯肅
治臺六年，規模宏遠，經畫周備。後此日人治績，率襲其舊而光
大之耳。雞籠至新竹間，鐵路二百二十餘里，即壯肅舊物。其他
新闢容軌之道，尚數百里。雞籠、滬尾、澎湖諸礮臺，皆壯肅手
建。臺北省城亦壯肅所營，今毀矣，獨留四門以為飾，景福門即
其一也。余頻過其下。）

幽尋殊未已，言訪北投泉。大壑陰陰轉，清流曲曲傳。玉膏
溫弱荇，溪色澹霏煙。苦憶華清夢，無憀閉閣眠。（北投山
距臺北府治二十里有溫泉，境殊幽遠，沿溪數里，噴煙若霏霧，
溫流中水藻遊魚生焉。）

蕩蕩臺中府，當年第一州。桑麻隨地有，城郭入天浮。江晚
魚龍寂，霜飛草木秋。斜陽殘堞在，莫上大墩頭。（劉壯肅
本擬建臺中為省治，築城工未葳而去位。今城亦毀，移城門一角
於大墩頭公園。）

曉破千峰霧，迢迢爆竹聲。重為萬里客，又過一清明。舍館傳新火，兒童報晚晴。故山路幾許，南望涕縱橫。（清明日，客霧峰莊之萊園。）

臺南南郭路，勝跡鄭王祠。肅肅海天晚，沈沈故國悲。簷花馴鳥雀，壁影護龍螭。落日懷名世，回風欲滿旗。（鄭延平王祠在臺南府南門外，日人改稱開山神社。）

三百年前事，重重入眼明。天開一柱觀，月照受降城。胡虜到今日，兒童識大名。孰非軒頊裔，哀此乞廬氓。（赤崁城俗稱王城，在安平之海隅，荷蘭人所築也。據舊志，方廣二百七十六丈，高三丈有奇，鄭延平克荷蘭受降於此，今圮矣。受降時儀式，日本人猶傳以圖畫，吾曾見之。）

五妃從死地，竹淚滿南州。銅輦成千古，冬青共一丘。珮環青冢月，蘭芷渚宮秋。愁絕思公子，靈旗肯少留。（明隆武時，以寧靖王朱術桂督鄭成功軍。永曆十八年，王遂入居臺，鄭氏事以王禮。克塽降，王佩印綬殉國，五妃王氏、袁氏、荷姑、梅姑、秀姊從死。臺人既葬王於竹滬之元妃舊園，復在臺南府南門外之桂子山合葬五妃，即地建廟焉。）

鹿耳山形壯，鯤身海氣麗。重關常北向，眾水總南趨。事去勞精衛，年深失湛盧。東風最無賴，綠到海桑無。（七鯤身及鹿耳門皆臺灣八景之一，觀濤稱奇極。鄭延平進取時，荷蘭人沈舟塞鹿耳，一夜水驟漲，鄭軍飛渡，荷人詫為從天而下也。）

曾聞民主國，奄忽落人間。即事真如戲，呼天亦苦艱。薜蘿哀楚鬼，禾黍泣殷頑。暗記留蠆紙，愁來一洗顏。（故老有以臺灣民主國之鈔幣及郵政局券相贈者。）

西北濤頭起，故人曾獨來。徙薪謀議苦，橫海壯心摧。碧血隨青史，名山託古哀。欲尋舊蓁迹，潯雨長莓苔。（死友譚壯飛於甲午前後曾兩渡臺，欲有所建樹，不得志而歸。其所著仁學，初題曰臺灣人所著書。）

聞道平蠻使，追逋竟未休。網張隘勇線，器漆社蕃頭。弱肉宜強食，誰憐祇自尤。物情如可翫，不獨惜蒙鳩。（日人頃方銳意犛掃生蕃，廣張所謂隘勇線者，蹙之於叢菁中。戰略與名稱皆襲劉壯肅之舊也。今殆廓清無孑遺。吾遊博物館見藥漬生蕃頭纍纍然。）

暫掩新亭淚，相傾北海尊。春歸萬梅嶺，地闢一萊園。魚鳥忘賓主，杉松長子孫。不逢催客吏，或恐是桃源。（萊園在霧峰之麓萬梅崦下，逸民林獻堂所築，以頤養重闈者，極山水林木之勝。余茲行，獻堂實先後之連輿接席，備極摯渥，館余於萊園者旬日，為徧題池館而去。獻堂為剛愍公從子，與諸昆並好學能文，使人生故家喬木之感也。）

零落中州集，蒼茫野史亭。看花成壞埌，耽酒得沈冥。一夢風吹海，無言月過庭。只愁絃絕處，俛俯失湘靈。（滄桑後，遺老佗儌無所適，相率以詩自晦，所至有詩社。萊園社之外，汐社、櫟社、竹社、南社等其最著也。）

慘綠相思樹，殷紅躑躅花。能消幾風雨，取次送年華。北首天將壓，南來日又斜。金仙行處斷，鉛淚滿天涯。

復有詞數闋，託美人芳草以寫哀思，並以寄上，試請讀之，或可喻其言外之意耶。三年不填詞，今又破戒矣。

蝶戀花　感春遊臺灣作

倚徧黃昏人瘦削，愁對陰陰，舊日閑池閣。燕子不來風動幕，是誰偷覷秋千索。　一雨做成新夢惡，夢裏羅衾，恰似郎情薄。早識金鈴成漫約，餘英悔不春前落。

別路屏山天樣遠，苦怨斑騅，不放人留戀。波底題紅餘片片，憑君量取愁深淺。　恨雨颦煙朝暮捲，便到春回，憔悴羞重見。何況夢中時鳥變，東風已共遊絲倦。

歲月堂堂人草草，數盡花風，冷透春懷抱。鎮日西園鶯不到，斷紅零粉誰知道。　多事庭蕪青未了，和月和煙，牽惹閑煩惱。誰遣南雲音信杳，一年又見吳蠶老。

依約年時攜手處，謝卻梨花，一夜廉纖雨。雨底蜀魂啼不住，無聊祇勸人歸去。　劃地漫天花作絮，饒得歸來，狼藉春誰主。解惜相思能幾度，輕軀願化相思樹。

莫怨江潭搖落久，似說年來，此恨人人有。欲駐朱顏宜倩酒，鏡中爭與花俱瘦。　雨橫風狂今夕又，前後啼痕，還耐思量否。愁絕流紅潮斷後，情懷無計同禁受。

臺人多有欲脫籍歸故國者，故第四首及之，其第五首則當英俄邊境正劇時，故不自覺其詞之哀。實則中國若亡，則吾儕將來之苦況，又豈止如臺灣人哉。

舟中復得詞一首。

浣溪紗　臺灣歸舟晚望

老地荒天闃古哀，海門落日浪崔嵬，憑舷切莫首重回。　費淚山河和夢遠，彤年風雨挾愁來，不成拋卻又徘徊。

此行乃得詩八十九首，得詞十二首，真可謂玩物喪志，抑亦勞者思歌，人之情歟。擬輯之題曰《海桑吟》，有暇或更自寫一

通也。匆匆作茲遊，廢文課者浹月，所為責任內閣論，尚未賡續。其他銀行政策、私議政黨論等，皆亟亟欲成之者，遄返後當併日從事耳，不具。

某頓首　　讚岐丸舟中發

□〈與上海某某等報館主筆書〉：刊登於《國風報》第二年第
　八期之抗議書

上海某某等報館主筆諸君足下：

　　數月以來，間讀貴報，知公等所以督過之者良厚，吾自始固付之一笑，未嘗校也。乃近者公等猶呶呶不已，日日以捏造事實誣人名節為事，鄙人為全國言論界之道德風紀起見，不能不有所忠告於公等，願垂察焉。

　　公等之攻擊鄙人，第一因其反對錦璦鐵路，第二因其反對中美同盟，坐此與公等政見有異同，以逢公等之怒，天下無論何種政策，莫不同時有利害之兩方面。緣此而論治者往往各有所主張，而中間容有辯論之餘地，此各國之所同也。吾所主張，豈敢自謂其無誤，特就其所見及者而論之耳，公等不以吾言為然，從而糾正之，此吾所最樂聞，公等所糾，而足以服吾之心，吾固不憚降心相從，若猶未也，則更相與往復其論，以求最後之真理。凡以言責自居者，不當如是耶，而公等徒以政見不同之故，而誣吾以受日本人指使，且日日閉門捏造新聞，此則吾所最為公等不取也。推公等之意，或良出於愛國熱誠，以憤恨日本人之故，但使有政策可以排日本者，則雖加數倍之犧牲而不惜。而鄙人所主張，則謂我國數十年來以外交政策失

宜之故，所犧牲者已不少，今良不顧更附益之，故於公等所主張，不敢漫然雷同，公等為感情所激，乃至以竊鐵之疑相加，即鄙人亦未嘗不為公等諒。今更披肝瀝膽，申明鄙人立論之根據，以釋公等之疑，然後將鄙人歷年來與日本人之交際，及其對於日本之態度，與夫吾之所自處者，據實直陳，願公等平心聽之。

鄙人素來持論，謂對外不恃空言而恃實力，所謂實力者非他，即先設法求得一良政府，將內治整頓完備是也。故以為全國言論界，惟宜合全力以攻擊現在之惡政府，使之雖欲戀棧以敗壞國事而有所不能，一方面則以穩健之智識灌輸國人，使之有組織善良政府之能力，此著辦到，然後對外乃有可議，而不然者，徒日日怒罵外國人之謀我，甚無謂也。夫國家之對於國家，誰則無野心者，如兩軍遇於戰場，其磨刀霍霍以互欲相屠，固其所也，我怨罵彼，彼遂能因我言而輟其謀乎？若云以此警告國人，斯固宜然也。然警告之本意，固當使國人知現在時勢如此，其危急尤當使之知，所以致此危急之由，其原因皆在政府之失政，緣此而知改造政府之萬不容己，則所警告者為有利矣，而不然者，雖四萬萬人，人人皆嗔目切齒於外國之謀我，顧能以個人之力各各持梃以抗之乎？蓋人之謀我者，乃挾其國家之力以謀我，我欲與之抗，亦惟挾國家之力以與之抗，而司國家之總樞機者，實惟政府，故欲使國民敵愾心得有道以自效者，非先得一良政府以統率之於上，決無當也。彼外國之先覺者，固亦常借外交問題以鞭策其民矣，例如日本人因美艦入浦賀而奏勤王討幕之功，因改正條約問題而數次推倒政府，

其報館之立言，雖借對外為題，而結論則未有不歸於督責政府者也，而彼政府之欲自固其位者，則又往往導其民氣使泄於對外，使無暇攻我，而因得以自即安，觀於此則國民對待惡政府之手段與夫對內對外先後緩急之次第，不從可察耶。今我國對內問題不解決，而徒日日鼓吹對外論，推其效果之所極不過多發起幾處國民軍，多成立幾個拒款會耳。夫此等寧得曰非佳事，而試問能收分毫之實效否耶？能絲毫達其愛國敵愾之目的否耶？而全國報館，一若以此為最大之天職，而見他人持論，其對外詞鋒稍緩者，輒指為漢奸，此吾所大不解也。

夫對內問題不解決，而徒鼓吹國民以個人之對外，則固已難免於不知本之譏矣，若夫以現在冥頑不靈之政府，而語之以積極的對外政策，則其危險抑更甚焉。政策之當否，固屬於別問題，且勿具論，即使有極良之政策，而一落現政府之手，則未有不生出極惡之結果者，故立言又不可不慎也，即以錦愛鐵路與中、美同盟之兩事論之，則其間固有容有商量之餘地者，有不容有商量之餘地者。請先言錦愛鐵路，所謂容有商量之餘地者，則此政策是否適當之一問題是也，以吾所見，則謂專就東三省政策言之，或可稱適當，就全國政策言之，則不能認為適當者也。吾素不主張借債以辦邊境鐵路，在《國風報》中屢言之矣，夫借債以辦邊境鐵路，無異借債以練兵也。使吾國力充實，百事可以無待於外而能自舉，則此等寧得非曰至急之一要政，在今日而借債以辦之，則最要者當問其所借之債影響於國家財政基礎者何如？就東三省言東三省，則錦愛鐵路誠急，然他路之急，則又豈讓錦愛者？今者因中俄交涉而議辦張恰、

伊犁等路矣，因中英交涉而議辦川藏、川滇等路矣，為國防計，則何一不當辦者？然此諸路，一切皆為不生產者，借債數萬萬以辦之，非惟將來償還計畫，絲毫無著，且養路之費，每年尚不知幾何？現在國家歲入，既以其四之一充外債本息，更益以此等不生產之債，恐路未成而國以先為埃及矣，此吾對於一般邊境鐵路之意見也。若專就東三省而論錦愛，則吾固非絕對的不主張，吾於《國風報》第三號論文，歷言此路政治上之關係及國民生計上之關係，全文具在，可覆按也（請公等稍出其良心，以繕譯原文，觀其立言之意如何？勿徒摭一二字句為攻擊之口實也），顧吾謂必有他種事業與之相輔，然後其效或有可期，若謂但有一錦愛鐵路，而滿洲所喪損之主權，即可以還於中國之手，吾不信也。吾文之結論實如此，吾亦不敢謂必中於事理，吾特言吾之所見而已，其有能糾正吾說者，吾固歡迎之，此所謂有商量之餘地者也。若夫以現在之政府、現在之制度，為人擇官，而官如傳捨，東三省總督既不易得人，即得人亦不易行其志，無論何種良政策，斷無能成功之理，不成功則徒將為喪失權利之媒介，且如主持辦錦愛之錫清帥，今且去其位矣，而政府且有繼以增祺之議，亦幸而中變耳，而不然者，當借債築路之約既成後而以此輩承其乏，則後事寧堪設想，今雖得趙次山，又誰敢保其能久於其位者？又誰敢保無第二之增祺者？故非改造政府之後，則此等事多辦一件，即多一件之後患，此所謂無商量之餘地者也。就中美同盟一事言之，吾國一部份人所以起此妄想者，不過欲借以牽制他國耳，欲以得外債之財源耳，中國誠能改造政府以後，則外交上應為有名

譽之孤立耶？應覓同盟國耶？若覓同盟國，則以何國為最宜耶？此容有商量之餘地者也。又改造政府以後，應否利用外債？外債當求諸何國？此亦容有商量之餘地者也，若如今之倡此論者，欲仰一強國之庇我，而冀其為我攘斥他強國此引虎自衛之愚計，奴隸依賴之惡根性，絕無容商量之餘地者也。以現在冥頑不靈之政府，而國民乃贊成其借債，聽其犧牲無量數權利以買債全國之歡心，而國民猶誦其能，此則無異國民之自殺，絕無容商量之餘地者也，今公等所想望之中、美同盟·，其目的之一部份則既達矣，所得者，則一萬萬圓新外債之負擔，落於國民頭上也，公等或以此為極可慶之事耶？吾不敢知，吾則徒見為中國自縊之繩，又加緊一度耳。且勿論干涉財政之禍立見與否，而全國報館，鼓吹不健全之借債論，以得一債權國之眄睞為無上之光榮，使政府得乘此心理，以致現在一月之間而訂結借債之約三四，增加債務將二萬萬，政府及諸勢要之官吏，遂得聚而咕嘬之津津乎其有餘味，而陷國民於萬劫不復之厄，此誰知咎也？夫向來各國憲政之成立，其國民無不以財政監督全為唯一之武器，所謂"不出代議，士不納租稅"是其義也，今政府既不敢言加租稅，則惟以借外債為自救之不二法門，我國民所以能制政府之專橫者，捨監督借債權亦更無術，此真民黨所宜認清題目，絲毫不容放過者也。而今者國中輿論之對於此大事，何其夢夢也，吾之倡反對論，吾知一二年後，我國民將有味乎吾言耳。

　　吾之對於此兩事，其立論之根據，大略如右，其他言論，尚往往與之相發明，去年《國風報》全年之文，可覆按也。雖

日本人亦直接、間接反對此兩事，然彼自有彼之理由，我自有我之理由，萬不能謂天下事凡不利於日本者，必其有利於我國。即如此次一萬萬圓之四國借款，日本人固反對甚力也，我等寧得緣此故而不敢倡反對論乎？假使現政府忽焉而將某地割與某國，吾敢信日本人亦必反對也，我等又寧得緣此故而不敢倡反對論乎？有倡之者，則公等將遽攘臂而言曰：日本人所言而彼亦言之，是必受日本嗾使也。是必賣國奴也，天下有此無理取鬧之言論乎？

公等所日日引為攻擊之口實者，則以吾文中有謂滿洲為覆水難收之一語，此其言憤激過甚，立言稍微失體，吾固自承之。雖然，我將以何道而始能收此覆水，此我國民所最不可不熟察也。我輩日日言日本人可惡，全國人當起而與日本人為敵，彼日本人其遂畏我乎？我遂因此而能得絲毫之實益乎？質而言之，凡滿洲一切權利為吾前此讓與俄人而俄人轉讓與日人者，無一而非制吾死命者也，而我國欲恢復之，則非經一次戰爭後，決無望者也。夫戰亦何恤，然當思我國而欲能一戰，則其道當何從？其亦必俟改造政府十年訓練之後已耳。今不此之務，而徒為大言壯語以刺激個人，多一次巡警鬧事、人民鬧事，則經一次交涉後，多失一部權利耳，於事何濟焉？若云於條約上所已失之權利外，非無餘地可容經營，斯固然也。然亦曾考日本人所投資本以經營滿洲者幾何額，我雖大借外債，能逮其十之一乎？亦曾考日本人之經營滿洲者用多少人材，我雖合全國人物，以萃此一隅，能逮其十之一乎，此且勿具論，就使財與之敵矣，才與之敵矣，現在之政府，能使經營滿洲者，

得行其志乎？今以滿洲時局如彼之艱，凡巧吏皆不願當其衝，故總督一缺，有力者避之若浼焉。然猶且有不知進退如增祺輩者，竊竊焉謀之，苟使滿洲辦事之款，稍能順手，則全國大小之蛀米蟲（指官吏），將攘臂爭分一臠矣，而忠直任事之人，復何能一日安其位者？故吾極厭言滿洲政策，以其實無可言也，公等試平心思之吾所言果中於事理否耶？要之，公等之結論，為滿洲不保，則中國不能保，欲保中國，宜集全力於滿洲，吾之結論則異是，謂中國能保，則滿洲不期保而自保，中國不保，則滿洲決無術能保，欲保滿洲，宜集全力於中國，此兩結論之孰當孰否，願公等平心思之。吾所最恨者，今日國中忠愛之彥踸踔之才，本已稀如星鳳，其有一二，眼光輒局於一部份而不知大體，其或躬游歷滿洲，或聞人語滿洲事，睹聞其危急情狀，則奔走相告曰：中國萬事可緩，惟經營滿洲為急；一旦聞俄之窺蒙古窺伊犁也，則又曰惟經營蒙古、伊犁為急；聞英人之窺藏，英、法人之窺滇、桂有，則曰惟經營西藏、滇、桂為急。夫滿洲寧得曰非急者，蒙古、伊犁、西藏、滇、桂寧能曰非急者，然如論者之意，集全國之人，集全國之財，以經營此一隅，其經營遂能有效乎？而此一隅遂卒可得保乎？由今之形，無變今之政府，則終亦必亡而已矣。況乎既昌言經營此諸地，則所以為經營之資者必需財，政府一聞此說，又得假此名目，以為借一大批外債之口實，究其極，則全國人民加數重負擔，以促國家之亡而已，而於此諸地，何嘗有絲毫之補益焉。就令邊吏得人，其於此一隅之經營，得有眉目，而政府腐爛於內，邊境更何道以圖存？夫以政府得人而言之，則全國

所應急起直追之事，不知凡幾，此區區之財力，斷不能以偏投
諸滿洲，專為滿洲而借萬萬圓以上之債，在政策上決不能謂為
得輕重緩急之序。以現在之政府言之，則無論何種良政策，皆
不可向彼開口，一開口則弊餘於利，故吾之意謂國中凡有言責
者，惟當剪除閒言，單刀直指，一味攻擊惡政府而已，不此之
致力，而日日言某事當辦某事當辦，皆所謂不知務也，所言當
辦之事而又偏於一隅，尤其不知務者也。吾所持論實如此，公
等若緣此而指為教國人放棄滿洲，則吾誠知罪矣，顧不知公等
教人不放棄滿洲者，其結局又能有絲毫補益於滿洲焉否也？中
國人之心理，與之言排外，則煽動極易，與之言對抗政府，則
瑟然不敢前，實則國人苟無對抗政府之能力，則安能對抗外
人？不過如諺所謂躲在床底下罵人耳。辦報館者，多作反抗政
府之論，則易見忌而惹荊棘，多作無責任之排外論，則易買一
般人之歡心，故曲學阿世之徒，每捨此而就彼，雖然，此豈鄙
人與公等相期許之本意哉。鄙人惟見夫張空拳以言排外者之毫
無實益也，故詞鋒別有所向，而公等乃以蜚語相誣，何其不諒
乎？記亡友黃公度京卿昔辦蘇、杭租界事，草約既成，而忌之
者誣其受日人賄十六萬，大吏遂議廢約，公度曰：日本新乘戰
勝之威，何求不得，使必以賄而始得此區區者，則黃某重於數
鐵甲矣。未幾而日政府亦怒其委員內田康哉，謂其為公度所
愚，撤之歸，此丙申夏、秋間事也。謂日本謀中國而必須納賄
於窮措大如鄙人者，鄙人無似，誠不能不受寵若驚也。

　　尤可笑者，公等謂吾論亡韓事，專責韓人，而不及日人，
指為祖庇日人之確據，不知吾所為日本併吞朝鮮記數萬言，公

等亦嘗讀之否耶?竊料吾國人得以知日本數十年來處心積慮之陰鷙者,亦未始不由鄙文,此雖共見之事實,其奈鄙文未印出以前,舉國言論界竟未有發之如此其透闢者也。公等但返心自問其良知,吾此言果虛誣否耶?吾之言日人謀韓,自謂則既無餘蘊矣,而公等以為未足,更進焉亦不過痛詆日本之無人道而已。嗚呼!公等乎,生存競爭之世,則安有人道者?虎狼食人,而人將與之評理乎?人食雞鴨,而雞鴨亦將與人評理乎?強食弱而弱見食於強,即今世界上所謂最高枝德義也。謂日本可責,日本則有何可責者?人之愛其國,誰不如我?古人有言,竊鉤者誅,竊國者侯,侯之門,仁義存,今世所謂強國,豈有一焉不從此道來者?雖欲責之,又烏從責之?至於鄙人之痛責朝鮮人,其意實為吾國人之說法,匣劍帷燈,稍解文義者皆能知之,即公等亦寧不知之,以此為口實,不過昧著本心以強入人罪耳。且公等得毋謂朝鮮人不當責耶?日本曷為不能以此施諸英、俄、法、德、美而獨施諸朝鮮耶?夫豈惟朝鮮,即我國亦如是而已。我怒人之謀我耶,英何嘗不謀俄,德何嘗不謀英者,吾固言之矣。國與國相遇,未有不磨刀霍霍以互欲相屠者也,使我國而能自立之後,而謂我不欲謀人耶?明乎此義,則知強之謀弱,絕無可怨,絕無可責,彼自為其國,義固然也,所可責者,則弱國不自為謀,而任人之謀之耳。公等平心思之,吾之言當耶否耶?則公等所以鍛鍊人罪者,其毋乃太無味已乎?

更奇者,吾此次薄遊臺灣,亦足以供公等造謠之資料。謂吾受日本臺灣總督府之招,將往頌其功德。殊不知吾遊臺之

志，已蓄之數年。凡稍與吾習者，誰不知之。而此次之行，乃不知託幾多人情，忍幾多垢辱，始得登岸。而到彼以後，每日又不知積幾多氣憤。夫閱貴報之人，皆未嘗與吾同遊，則任從公等顛倒黑白，亦誰能辨者？然吾之此行，臺灣三百萬人，皆具瞻焉。一舉一動，莫不共見。吾能欺人乎？公等之意，以為吾此行遊記，於日本行政之美，必多誦說，固得自實其言，以為羅織之口實。夫吾數年來，欲往臺灣之本意，則固在調查其行政也。固欲舉其美者，以告我國人也。使此行所調查，而能令吾躊躇滿志，則吾固不畏公等之羅織，吾必昌言之。無奈此行乃以傷心之現象充塞吾心目中，若有鯁在喉，非吐之不能即安。公等亦知我在彼日日所作遊記，作何語者？公等亦曾見我在彼通信，作何語者？公等日日惟以閉門捏造新聞為事，不轉瞬而所發現之事實，適與相反，其毋乃太心勞日拙矣乎。

公等又屢稱吾嘗以無擔保品而借金於日本之正金銀行，以是為吾受日人賄賂之確據。夫借金則誠有其事也，然此事之由來，人多知之，吾十餘年播越於外，負債山積，債主以數十計，前年欲清理之，乃託神戶一有力之商人，為介紹於正金銀行買辦之同鄉人葉某者，求借數千金以清宿逋，約按月以賣文之資分還，其初則與葉某交涉，非與正金交涉也。乃無端而葉某破產失職，於是吾乃驟變為正金之債務者，正金日夜責償，吾無以應，其極則處分吾家產耳，而敝書數籪，處分之曾不抵債務之十一，乃再四與婉商，覓得我公使館員之一友人為擔保，而負彼四千金，限六個月償還，其後尚得三四良友之助，居然銷卻此債務矣。公等所謂無擔保品而得借金者，其即此

耶？我所受莫大知會落於日本人者，其即此耶。

　　吾居日本十餘年，其與日本人之交涉，稍與我習者所共見也。吾自初來時，為極致殷勤於我者二三人，至今日本人中吾認之為友者，亦僅此二三人，其交際固始終無間也，然亦私人交際而已，若事及兩國，則惟避而不言，免以此傷故舊之情也。而此數人者在東京，吾自避地須磨後，乃輒經年不一面，近頗樂與其學者游，欲有以廣我學識，然所澆亦不過數人耳。至其政府當局者，我固始終未一見，而彼輩亦常以猜忌之眼視我，自前辦“政聞社”以後，日日派偵探伺我行動，并及吾友，經數年而不已。吾惟以厭與日本人交際之故，故日本全國人亦不知我為何種人，日日加以可笑之批評，前年“二辰丸案”，舉國報紙咸指我為抵制日貨之張本人，去年公等正誣我受日本重賂時，而大阪《朝日新聞》之“東人西人”一門，登我相片，題為排日派之主動者，兩兩對照，不覺為之失笑。夫日本人不知我，則何足怪，若公等則並非不知我者，而惟思捏造謠言以相誣，斯乃可怪耳。吾與日本人之關係實如此，公等信耶聽之，不信耶聽之，吾惟質直以言其實耳。

　　公等又日日造謠，謂無運動開黨禁，輦致巨金以賂政府，甚且言其曾親自入京往某處謁某人，若一一目睹者然，似此記事，則作報者亦何患無新聞哉。吾請開心見誠與公等一言，謂吾不欲開黨禁耶，此違心之言也，吾固日夜望之，以私情言，則不親祖宗丘墓者十餘年，堂上有老親，不得一定省，游子思歸，情安能免？以公義言，則吾固日日思有所以自效於祖國也。吾固確自信為現在中國不可少之一人也，雖復時人莫之

許，而吾固以此自居而不疑，而吾之所以自處者，又非能如革命黨之從事秘密也，恆必張旗鼓以與天下共見，故吾信吾足跡若能履中國之土，則於中國前途，必有一部份之裨益。謂吾不欲開黨禁，此違心之論也，雖然，屈己以求政府，而謂吾為之乎？凡有求於人者恆畏人，吾之言論，固日日與天下共見也，曾是乞憐於其人者，而乃日日罵其人不遺餘力乎？手段與目的相反若是，雖至愚不為也。吾嘗有一不慚之大言在此，曰，吾之能歸國與否，此自關四萬萬人之福命，非人力所能強致也。吾知公等聞吾此言，必嗤之以鼻，然人苦不自知，吾亦無如吾何也？故吾常以為天如不死四萬萬人者，終必有令我自效之一日。若此四萬萬人而應墜永劫者，則吾先化為異域之灰塵，固其宜也，是故近年以來，國中有心人，或為吾摯交，或與吾不相識者，常思汲汲運動開黨禁，彼固自認為一種義務，吾無從止之，然竊憐其不知命也。而公等乃日日以欲得一官相誚，吾數年來早有一宣言在此矣。若梁某某者，除卻做國務大臣外，終身決不做一官者也，然苟非能實行吾政見，則亦終身決不做國務大臣者也。夫以遺亡之身，日夕槁餓，而作此壯語，寧不可笑？雖然，舉國笑我，我不為動也；雖以此供公等無數諧謔之資料，吾不恤也；數年以後，無論中國亡與不亡，舉國行當思我耳。而公等乃以欲得官相猜，何所見之不廣若是，鵷鸞翔寥廓，鴟銜腐鼠而視之曰嚇，嗚呼！吾今乃睹子之志矣。

至公等記事中，乃至有造蜚語以污蔑吾妻、吾女者，此則請公等捫心自問，凡上流社會人而應作此語耶？凡有價值之報館，而應造此等謠言耶？語至此，吾真不屑與公等校，惟憐公等之

自待太薄耳。

諺有之：若欲人不知，除非己莫為。吾若果有虧心事，雖日日自辯，而終必有暴露之一日，而不然者，則真所謂禮義不愆何恤於人言。雖公等日日造謠，亦安能污我豪末哉？顧吾猶不能不有所忠告於公等者：其一，則以凡立身於言論界者，當稍知自重，不可以讒謗為生涯，日日閉門造新聞一般人，如仰天自唾，於人無傷，徒自損其價值；其二，須知逢人便罵，雖足以迎合一般社會之心理，為推廣銷報之一手段，然此心理實為社會不健全之心理，辦報館者宜矯正其一部份，不可專以迎合為能，辦報之目的，又非可徒以推廣銷數為事而不顧其他；其三，當知今日之中國，危急存亡，僅餘一髮，為國民者，惟當並力一致攻擊惡政府，以謀建設良政府，凡有向此目的進行者，宜互相提攜，捐小異而取大同。無為排擠以相消其力，而令政府竊笑於旁。夫有明末葉，雖國破社屋，而傾軋之風猶未已，殷鑑不遠，我輩豈宜尤而效之；其四，當思現今人才，寥落已極，吾輩雖盡數結合，猶恐不足以救亡，苟其人而稍有一節之長，固當隱惡揚善，以期相與有成，安可更妻妻以相戕者，夫鄙人則何有焉？二十年來，日日與腐敗社會曉鬥，曾不能動其分毫，無所短長之效，於斯可見矣。今也舉國人心厭倦，競競作鬼氣，曉音瘏曰，迄不得傾聽者，自分終為世所棄，又豈待公等擠之九淵哉？使鄙人而能忘中國者，則隨波逐流，自枉所見，迎合社會心理，而月賣文數萬言以自活，則亦何處不得區區鹽鹽以為送老之具者？則舉國亦可以忘我，而相忌之言，亦可以永息矣。無奈稟賦之受之於天者，不能自制，

欲餔糟啜醨，而盡然有所不能自安於其心，故常以身為萬矢之的而不悔也。若夫社會之所以待我者如何，此則社會之責任，而非我之責任矣。

　　吾之此書，非有怒於公等也，公等因與吾政見不合，又因吾所居之地為日本，以愛國嫉俗之故，而致疑於我，此何足怪者。至於記事失實，則或由採訪不確，而非公等之咎，或已惡其人過甚，不惜深文以入其罪，此亦社會向來之惡習，不能盡為公等責也。然吾立言、立身之本末，則亦既盡情以語公等矣，若公等必強指吾為巧言文過之小人，則吾亦何從辯？然公等所言，有種種正、反對之證據，其又可盡掩乎？抑吾之此書，又非乞憐於公等也。吾生平受人誣謗，非止一次，公等所能增益之者幾何？筆在公手，手在公身，公等日日閉門握筆造新聞，誰能禁之？雖能淆觀聽於一時，而是非終在天下後世，於吾何損焉？顧竊欲有所忠告者，為公等人格起見，為貴報價值起見，為全國言論界風紀起見，竊謂公等宜稍出其良知以讀吾此文，而於他日再欲捏造新聞時，亦當一撫良知自問，須知人自受其良知之督責，實天下莫大之苦痛也。傾臆盡陳，吾言不再。

（此書寫於《書牘》第五信之同時，但不收錄於《書牘》中。）

■詩作

□二月二十四日偕荷庵及嫻兒乘笠戶丸游臺灣二十八日抵雞
　籠山舟中雜興

我生去住本悠悠，偏是逢春愛遠遊。歷劫有心還惜別，櫻花深

處是并州。（首途時雙濤園繁櫻正作花，嫻兒以辜負花事為憾）

（第三、四句原作：稍惜櫻花時節過，一團絳雪望中收。）

明知此是傷心地，亦到維舟首重回。十七年中多少事，春帆樓下晚濤哀。（二十五日舟泊馬關）

天風浩浩引飛舲，睡起檣鐘報幾程。天末虹隨殘雨霽，波間鷗帶夕陽明。

萬丈霞標散霧珠，海中湧出日如盂。嬌兒問似羅浮否，一片鄉心動鷓鴣。（與嫻兒觀日出）

（第三、四句原作：嬌兒拍手勤相問，得似羅浮日觀無。《文集》所收亦同。）

天淡雲閑清晝同，彈碁蹴踘各能雄。閑心欲取春燈謎，領略蘇家舶趠風。（舟客為種種游戲）

（第三句原作：更誰拈取春燈謎。）

滄波一去情何極，白鳥頻來意似閒。卻指海雲紅盡處，招人應是浙東山。（二十七日舟掠溫台界而南）

（第二句，「閒」，《文集》作「闌」。）

漢家故是負珠崖，覆水東流豈復西。我遇龜年無可訴，聽談天寶祇傷悽。（舟中有臺灣遺民談亡臺時事頗詳）

迢遞西南有好風，故人相望意何窮。勞生不被天公妒，默默靈犀一點通。（未至臺灣前一日，林獻堂以無線電報祝海行安善。）

（第三、四句原作：不勞青鳥傳消息，早有靈犀一點通。《文集》所收亦同。）

東海波光入酒卮，檣烏吉語報朝曦。而翁載得愁千斛，化作茲游一段奇。（二十八日為嫻兒生日）

（第二、三、四句原作：檻烏吉語更離離。而翁得句酬佳節，併作茲游一段奇。）
番番魚鳥似相親，滿眼雲山綠向人。前路欲尋瀧吏問，惜非吾土忽傷神。（望雞籠）

□臺北節署劉壯肅所營今為日本總督府矣
幾處榱題敝舊椽，斷碑殘剝草成煙。
傷心最有韓南澗，凝碧池頭聽管絃。
（首句，「敝」，《詩薈》作「敝」。）

□臺北故城
清角吹寒日又昏，井斡烽櫓了無痕。
客心冷似秦時月，遙夜還臨景福門。
（第三句原作：多情最是秦時月。「了無痕」，《文集》作「也無痕」；「景福門」，《文集》作「麗正門」。）

□拆屋行
麻衣病瘵血濡足，負擔八雛路旁哭。窮臘慘栗天雨霜，身無完裙居無屋。自言近市有數椽，太翁所構垂百年。中停雙樨未滿七，府帖疾下如奔弦。節度愛民修市政，要使比戶成殷闐。袖出圖樣指且畫，剋期改作無遷延。懸絲十命但恃粥，力單弗任惟哀憐。吏言稱貸豈無路，敢以巧語干大權。不然官家為汝辦，率比傍舍還租錢。出門十步九回顧，月黑風淒何處路。祇愁又作流民看，明朝捉收官裏去（彼中凡無業游民皆拘作苦

工）。市中華屋連如雲，哀絲豪竹何紛紛。游人爭說市政好，
不見街頭屋主人。

（此詩見《文集》，《詩薈》未收。）

□三月三日遺老百餘輩設歡迎會於臺北故城之薈芳樓敬賦長句
　奉謝

側身天地遠無歸，王粲生涯似落暉。花鳥向人成脈脈，海雲終
古自飛飛。尊前相見難啼笑，華表歸來有是非。萬死一詢諸父
老，豈緣漢節始沾衣。

（遊臺書牘第三信中，第一、二句作：遠游王粲漫懷歸，卻踏
天涯訪落暉；第七、八句作：料得隔江諸父老，不緣漢節始沾
衣。）

憶附公車昔上書，罪言猶及徙薪初。珠厓一擲誰當惜，精衛千
年願總虛。曹社鬼謀成永歎，楚人天授欲何如。最憐有限哀時
淚，更灑昆明劫火餘。

間氣神奇表大瀛，伏波橫海舊知名。南來蛇鳥延平壘，北向雲
山壯肅城。萬里好風回舶趠，百年麗日照春耕。誰言鶯老花飛
後，贏得胥濤日夜聲。

劫灰經眼塵塵改，華髮侵顛日日新。破碎山河誰料得，艱難兄
弟自相親。餘生飲淚嘗杯酒，對面長歌哭古人。留取他年搜野
史，高樓風雨紀殘春。

□櫟社諸賢見招

大道風吹海氣腥，道旁薺麥長青青。水雲意外空明處，一角人

間野史亭。

（此詩原作：馳道微聞海氣腥，道傍薺麥但青青。卻看雲水空明際，知有人間野史亭。）

中散養生惟中酒，東坡無奈好吟詩。將心寫入江潭淚，消得天荒地老時。

（第二句，「無奈」，《文集》、《詩薈》皆作「畏事」。第三句原作：料應澤畔江潭意。）

天涯所至饒斤斧，可有名山養棄材。政恐風低雲斷處，十圍遠籟作聲哀。

（第一句原作：天涯望望饒斤斧。）

清時我亦成樗散，分作神州袖手人。憑語沙邊舊鷗鷺，倘容占席暫相親。

□游臺灣追懷劉壯肅

憶昨甲申之秋方用兵，南斗騷屑桴鼓鳴，海隅倒懸待霖雨，詔起將軍巡邊庭。將軍功成狎文忠（「忠」，《詩薈》作「史」），高蹈久謝塵軒纓，國家多難敢自逸，笑揖猿鶴飆南征。半天波赤馳長鯨，魑魅甘人（《詩薈》作「魈魅甘入」）白晝行，百年驕虜覘處女，將軍飛下萬靈（「靈」，《詩薈》作「人」）驚。雞籠一戰氣先王，滬尾設險疇能嬰。其時馬江已失利，黑雲漠漠愁孤城。忍饑犯瘴五千士，盡與將軍同死生。手提百城還天子，異事驚倒漢公卿。朅來海氣（「氣」，《詩薈》作「雲」）千里平，杲杲紅日照屯耕，桑麻滿地長兒女，舉子往往劉其名。將軍謀深憂曲突，謂是脆單前可懲。酒泉樂浪宜置郡，用

絕天驕揚漢旌。鑿山冶鐵作馳道，俯海列礮屯堅營。宅中議設
都護府，坐控南北如建瓴。料民度地正疆（「疆」，《詩薈》作
「彊」）界，以利庸調防兼併。鄭渠鄴漳隨地有，下邑亦滿絃歌
聲。平蠻直窮鳶墮（「墮」，《詩薈》作「盡」）處，要使鹿豕
馴王靈，訏謨事事準官禮，邊功區區卑李程。中朝大官玩曆
火，枋鷄豈喻鵬徙溟。司農出納吝銖寸，齊威恤鄰空典型。輪
臺已聞（「聞」，《詩薈》作「開」）罷邊議。況乃盈耳來青
蠅。將軍受事亦六稔。謂蘗頂踵酬闕廷。軒車一去留不得，藤
蔓啼鴂空復情。大潛山下白雲橫（公有大潛山房詩集），下有
寒湫蛟可曙。手種菜甲日已長，有時南望微撫膺。任尚豈省班
超策，辛（「辛」，《詩薈》作「張」）湯或妒充國能。長城已
壞他豈惜，雨拋鎖甲苔臥槍。夜（「夜」，《詩薈》作「夢」）
來風惡鼍涎腥，上相出涖城下盟。燕雲投贈自古有，珠厓棄捐
誰輸贏，可憐將軍臥大蕘牀（「牀」，《詩薈》作「榻」），眼中
憧憧百鬼獰，噩夢驚起月墮（「墮」，《詩薈》作「墜」）海，
鹿耳鯤身山自青，滔滔沈恨闕九京。鴟夷不返餘濤形。涇原更
安得一范，西涼空復說三明。祇今劫火又灰冷，東方千騎來輕
盈。點虜（「虜」，《文集》作「□」，以《詩薈》補之）竊踵
將軍武，竟有豎子名能成。山河錦繡亦增舊，獨惜花鳥長凋
零。吁嗟乎，漢家何代無奇英，陳湯無命逢匡衡。賈生得放既
云幸，晁錯效忠行當烹。及其摧折已略盡，九牧所至如罄瓶。
一朝有事與人遇，乃若持莛（「莛」，《詩薈》作「筳」）撼大
楹。君不見將軍嘔心六載功不就，翻以資敵成永寧，天地生才
亦匪易，悵望古今徒姈娉。

□斗六吏

警吏陣斗六，數百如合圍。借問此何者，買地勞有司。赫赫糖
會社，云是富國基。種蔗當得由，官價有程期。小人數畝田，
死父之所遺。世守亦百稔，饘粥恆於斯。願弘一面仁，貸此八
口飢。欲語吏先嗔，安取閑言辭。府令即天語，豈天乃可違。
眾雛各有命，何不食肉糜。出券督畫諾，肘後吏執持。拇印朱
爛熳，甘結某何誰。昔買百縑強，今賣不半之。便願不取直，
方命還見笞。一日買十甲，一月千甲奇。入冬北風起，餓殍闐
路歧。會社大煙突，驕作竹筒吹。

（此詩見《書牘》第四信，《文集》、《詩薈》皆未收。）

□墾田令

府帖昨夜下，言將理原隰。自今限名田，人毋過十甲。聞官方
討蕃，境土日安集。墾草宜待人，官寧親畚鋪。官云汝母國，
齒稠苦地陝。每每此原田，將以世其業。舊田不汝追，地賚已
稠疊。安得非分求，無厭若馮鋏。貴人于于來，生事須長鬣。
汝能勤四體，自足丐餘汁。吁嗟討蕃軍，巨萬費楮帖。借問安
所出，畎隸與蠹妾。舊田賣已空，新田取難襲。鬻身與官家，
救死儻猶及。悠悠彼何人，哀哀此束溼。

（此詩見《書牘》第四信，《文集》、《詩薈》皆未收。）

□公學校

道周逢群童，人言是學生。借問何學級，所學何課程。此間有

良校，貴人育其英。島民賤不齒，安得抗顏行。別有號公學，
不以中小名。學年六或四，入者吾隸萌。所授何讀本，新編三
字經。他科皆視此，自郐寧足評。莫云斯學陋，履之如登瀛。
學塗盡於斯，更進安所營。貴人豢我輩，本以服使令。豈聞擾
牛馬，乃待書在楹。漢氏厲學官，自取壞長城。秦皇百世雄，
談笑事焚阬。

（此詩見《書牘》第四信，《文集》、《詩薈》皆未收。）

□辛亥清明後一日小集霧峰之萊園以主稱會面難一舉累十觴為
　韻分得難字累字

此日足可惜，來日更大難。但對素心人，何必懷百端。廣庭春
月白，芳草清露溥。江山不改舊，天宇自高寒。茲游信多感，
美襟良亦殫。思逐花前發，愁借酒杯寬。主人知余意，談讌到
更闌。人生幾清明，明旦成古歡。

（第五、六句原作：廣庭月正白，草根露已溥。第九句原作：
茲游雖多感。末兩句原作：願言相從醉，磊磊尋古懽。）

平居（「居」，《詩薈》作「生」）飛動意，閱世成止水。有如
挂壁弨，屢張復旋（「旋」，《詩薈》作「屢」）弛。居夷久矣
陋，遠交得數子。逃虛聞足音，安得不歡喜。但念所託邦，虺
虺若棋累。昔痛雛不育，今憂室將毀。不見漢珠厓，吾土亦
信美。艱難豈足道，一棄若敝屣。悠悠我之思，行邁正靡靡。
俯仰對新亭，勞歌吾其已。

（第一句原作：平居意飛動。第五句原作：居夷久已陋。）

□次韻酬林癡仙見贈

十年魂夢斷中州，一往沈冥得此游。歷劫此身成落瓠，浮天無
岸有虛舟。過江人物仍王謝，望眼山川接越甌。相對莫生遲暮
感，夕陽猶在海西頭。

（第三、四句原作：顧我不才成落瓠，對君無語似虛舟。第
七、八句原作：且莫秋風怨遲暮，夕陽正在海西頭。）

□贈林幼春

南阮北阮多畸士，我識仲容殊絕倫。才氣猶堪絕大漠，生涯誰
遣臥漳濱。（君方病肺——《詩薈》無此注）嘔心詞賦歌當
哭，沈恨江山久更新。我本哀時最蕭瑟，亦逢庾信一沾巾。

□獻堂繼尊甫兵部公之志，築萊園以奉重闈太夫人，余游臺，
　館余於園之五桂樓敬賦

周餘重見老萊衣，稍喜先疇願不違。滿眼雲山隨宴坐，百年花
鳥答春暉。滄桑牢落供詩健，叢桂招邀有夢歸。我亦敝廬三畝
在，可憐游子老征騑。

（此詩見《文集》，《詩薈》未收。）

□萊園雜詠

序：辛亥三月薄遊臺灣，主霧峰之萊園、獻堂三兄屬題園中名
勝，得十二絕句　啟超。

〈萊園·啟超〉

人物自是徐孺子，山林不數何將軍。

稍喜茲游得奇絕，萊園占盡月三分。

（「稍喜」二字，趙堯生改「不負」。）

〈五桂樓·任公〉

娟娟華月霧峰頭，氾氾光風五桂樓。

傳語王孫應好住，海隅景物勝中州。

〈考槃軒·飲冰〉（原題〈考槃軒為主人讀書接客之所〉）

久分天涯託澗藹，鹽鹽送老意如何。

奇情未合銷磨盡，風雨中宵一嘯歌。

〈荔枝島·飲冰〉（原題〈荔枝島上有歌臺〉）

一灣流水接紅牆，自憩圓陰納午涼。

遺老若知天寶恨，新詞休唱荔枝香。

（末句，趙堯生改為「念家山破荔枝香」。）

〈夕佳亭·啟超〉（原題〈夕佳亭同獻堂晚眺〉）

小亭隱几到黃昏，瘦竹高花淨不喧。

最是夕陽無限好，殘紅蒼莽接中原。

〈擣衣澗·飲冰〉

縠紗浣罷月華明，荇帶蒲衣各有情。

我識蓬萊清淺水，出山原似在山清。

（第三句，《文集》作「我識藍田千澗水」。）

〈小習池·飲冰〉

一池春水干雛事，丈人對此能息機。

高柳吹綿鴨穩睡，荔枝作花魚正肥。

〈木棉橋·飲冰〉

春煙漠漠雨瀟瀟，劫後逢春愛寂寥。

誰遣蜀魂啼不了，淚痕紅上木棉橋。

（第一句，「瀟瀟」，自改為「翛翛」。）

〈萬梅崦・飲冰〉

澹霧籠谿月上陂，曉來春已滿南枝。

君家故事吾能記，可似孤山鶴返時。

（首句，「澹」字，趙堯生改為「香」字。第二句，「已」
字，後自改為「色」字。第三、四句，趙堯生改為「君家可是
孤山鶴，細語堯年雪積時」。）

〈千步磴・任公〉（原題〈千步磴最高處即目〉）

綿綿列岫煙如織，暖暖平疇翠欲流。

好是扶筇千步磴，依稀風景似揚州。

（第二句，「暖暖」，《詩薈》作「暖暖」。第三句，趙堯生改
為「乘暇一筇千步磴」。）

〈望月峰・啟超〉

望月峰頭白露滋，南飛烏鵲怨無枝。

不知消瘦嫦娥影，還得娟娟似舊時。

（末句，後自改為「入夜還能似舊時」。《文集》所收亦同。）

〈留別・梁啟超〉

鸞吠鳳靡送年華，頗識吾生信有涯。

惆悵無因成小隱，賣書猶欲問東家。（居萊園五日，明發行矣，
黯然頗難為懷、賦此留別，且為他日重遊之券、辛亥清明後二日。
梁啟超──《文集》、《詩薈》皆無此注）

（第一句，趙堯生改為「蓬萊一水送年華」；第三句改為「待
得桑田可留命」。）

□桂園曲

詩序：明故（《詩薈》無「故」字）寧靖王朱術桂，以永曆十八年奉詔入臺，監鄭軍。延平王待以宗藩禮，三世不衰。克塽降，王義不辱，集諸妃王氏、袁氏、荷姑、梅姑、秀姐，詔之曰：孤不德，將全髮膚以見先帝先王於地下，若輩可自為計。僉泣對曰，王死國，妾死王，義一也。遂笄服駢縊於堂。遺民哀焉。合葬諸臺南郡治南門外（《詩薈》無「郡治」以下五字）之桂子山，號五妃墓，即墓立廟（《詩薈》無此四字），享祀弗替。越二百二十八年。新會梁啟超遊臺灣，以道遠未能謁也，述其事，以作歌，時清明後五日也。

鶯老花飛桂子山，天高月冷聞珮（《詩薈》作「佩」）環。人尋法曲淒涼後，地接蓬萊縹緲間。憶侍王孫竄荊棘，珊瑚寶玦還顏色。萬里依劉落日黃，五湖從范煙波碧。九州南盡有桃源，華表歸（「歸」，《詩薈》作「飛」）來一鶴尊。高帝神靈仍日月，五溪雲物自山川。陌上條桑衣鬖綠，賣珠呼婢脩蘿屋（王自墾田百餘甲於萬年縣之竹滬，督諸妃躬課耕桑，歲入輒以犒軍士。——《詩薈》無此注），歸來分耦（《詩薈》作「偶」）迭添香，好伴君王夜深讀，詔（「詔」，《詩薈》作「謂」）言萬事共悠悠，劫後相依一散愁。天荒地老存三恪，裙布釵荊占一丘。黑風一夜吹滄海，朱顏未換雕闌（《詩薈》作「欄」）改。虎臣執梃傳車忙，龍種攀髯弓劍在。金環翟茀拜堂皇，王死官家妾死王。翠瀾永閟千年井，素練紛飛六月霜。昨夜香銷燈自炧，蜀魂紅徧蒼梧野。吹徹參差不見人，雲旗嫋嫋靈來

下。（「昨夜」以下四句，《詩薈》作：滿目衣冠籠腐鼠，如此江山在兒女。合門盡節九京香，萬古大明一坏土。）百年南雪蝕冬青，靈物深深護碧城。遺老久忘劉氏臘，秋燐猶作鮑家聲。我來再換紅羊劫，景陽冷盡龍鸞血。雨濕清明有夢歸，海枯碯石憑誰說。天涯盡處晚濤哀，刮骨酸風起夜臺。莫唱靈均遺襪曲，九疑帝子不歸來。

□猩猩木
處處猩猩花欲然，爛霞烘出艷陽天。
人間能得幾紅淚，留取家山染杜鵑。
（此詩見《文集》，《詩薈》未收。）

□相思樹
終日思君君不知，一邊心事豈相思。
山山綠徧相思樹、長願君心化樹枝。
（此詩見《文集》，《詩薈》未收。第二句原作：長門買賦更無期。第四句原作：正是江南草長時。）

□臺灣雜詩
零落中州集，蒼茫野史亭。看花成壙埌，耽酒得沈冥。一夢風吹海，無言月過庭。只愁絃絕處，俯仰失湘靈。滄桑後，遺老佗傺無所適，相率以詩自晦，所至有詩社。萊園吟社之外，瀛社、櫟社、竹社（《詩薈》無「竹社」二字）、南社等其最著也。
（第三句，「成壙埌」，《詩薈》作「或壙埌」。）

桓桓劉壯肅，六載駐戎軒。千里通馳道，三關鞏舊屯。即今非
我有，持此欲誰論。多事當時月，還臨景福門。劉壯肅治臺六
年，規模宏遠，經畫周備，後此日人治蹟，率襲其舊，而光大之
耳。雞籠至新竹間，鐵路二百二十餘里，即壯肅舊物，其他新闢容
軌之道，尚數百里。雞籠、滬尾、澎湖諸礮臺，皆壯肅手建。臺北
（《詩薈》「北」下有「省」字）城亦壯肅所營，今毀矣。獨留四門以
為飾，景福門即其一也。余頻過其下（《詩薈》無此五字）。

蕩蕩臺中府，當年第一州。桑麻隨地有，城郭入天浮。江晚魚
龍寂，霜飛草木秋。斜陽殘堞在，莫上大墩頭。劉壯肅本擬建
臺中為省治，築城工未蕆而去位，今城亦毀，移（《詩薈》無「移」
字）城門一角於大墩頭（《詩薈》無「頭」字）公園。

暫掩新亭淚，相傾北海尊。春歸萬梅嶺，地闢一萊園。魚鳥忘
賓主，杉松長子孫。不逢催課吏，或恐是桃源。萊園在霧峰之
麓，萬梅崦下。逸民林獻堂所築，以頤養重闈者，極山水林木之
勝。余茲行，獻堂實先後之連輿接席，備極摯渥，館余於萊園者旬
日，為徧題池館而去。獻堂為剛愍公從子，與諸昆並好學能文，使
人生故家喬木之感也。

曉破千峰霧，迢迢爆竹聲。重為萬里客，又過一清明。舍館傳
新火，兒童報晚清。故山路幾許，南望涕縱橫。清明日，客霧
峰莊之萊園。

（第六句，《詩薈》作：家山界晚晴。第七句，《詩薈》作：
墳廬路幾許。）

臺南南郭路，勝跡鄭王祠。蕭蕭海天晚，沈沈故國悲。簷花馴
鳥雀，壁影護龍螭。落日懷名世，回風欲滿旗。鄭延平祠在臺

南府南門外（《詩薈》作「南門內」），日人改稱開山神社。

三百年前事，重重入眼明。天開一柱觀，月照受降城。胡虜到今日，兒童識大名。孰非軒頊裔，哀此乞廛氓。赤崁城俗稱王城，在安平之海隅，荷蘭人所築也。據舊志，方廣二百七十六丈，高三丈有奇，（《詩薈》無「據」字以下十六字）鄭延平克荷蘭受降於此，今圮矣。受降時儀式，日本人猶傳以圖畫，吾曾見之。

五妃從死地，竹淚滿南州。銅輦成千古，冬青共一丘。珮環青冢月，蘭芷渚宮秋。愁絕思公子，靈旗肯少留。明隆武時，以寧靖干朱術桂督鄭成功軍。永曆十八年，王遂入居臺。鄭氏事以王禮。克塽降，王佩印授（《詩薈》無此四字）殉國。五妃，王氏、袁氏、荷姑、梅姑、秀姐從死。臺人既（《詩薈》無「既」字）葬王於竹滬之元妃舊園（《詩薈》無「王」以下九字），復在（「復在」，《詩薈》作「於」）臺南府南門外桂子山合葬五妃，即建廟焉（《詩薈》無「合葬」以下八字）。

（第四句，《詩薈》作：天香聚一丘。第五句以下，《詩薈》作：遺民占廟食，秀骨補天愁。遠望煤山樹，棠花不盡秋。）

鹿耳山形壯，鯤身海氣麗。重關常北向，眾水總南趨。事去勞精衛，年深失湛盧。東風最無賴，綠到海桑無。七鯤身及鹿耳門皆臺灣八景之一，觀濤稱奇絕（《詩薈》無此五字）。鄭延平進取時，荷蘭人沈舟塞鹿耳，一夜水驟漲，鄭軍飛渡，荷人詫為從天而下也。

（第六句，「湛盧」，《詩薈》作「湛廬」。）

千古傷心地，畏人成薄遊。山河老舊影，花鳥入深愁。人境今何世，吾生淹此留。無家更安往，隨意弄扁舟。

九點齊煙外，蒼茫別有天。下田猶再熟，甘果不論錢。處處泉通脈，村村花欲然。歲時不改舊，信是漢山川。

故老猶能說，神功締造深。廢興三國志，戰伐百年心。幾鑿張騫孔，仍來陸賈金。早知成覆水，休誦白頭吟。臺灣先後為荷蘭、西班牙、法蘭西三國所陷，我族卒光復之。日本人足跡，前固未履臺土也（「日本人」以下，《詩薈》無）。使鄭氏能保其世，臺灣或不至有今日乎。

幽尋殊未已，言訪北投泉。大壑陰陰轉，清流曲曲傳。玉膏溫弱荇，溪色澹霏煙。苦憶華清夢，無憀閉閤眠。北投山距臺北府治二十里，有溫泉，境殊幽遠，沿溪數里，噴煙若霏霧，溫流中水藻遊魚生焉（「溫流」以下，《詩薈》無）。

（第三、四句，《詩薈》作：曲路陰迴壑，清流碧噴煙。第五句，「玉膏」，《詩薈》作「上膏」。第七、八句，《詩薈》作：苦憶湯山淥，明陵在眼前。）

曾聞民主國，奄忽落人間。即事真如戲，呼天亦苦艱。薜蘿哀楚鬼，禾黍泣殷頑。暗記留蠶紙，愁來一洗顏。故老有以臺灣民主國之鈔幣及郵政局券相贈者。

西北濤頭起，故人曾獨來。徙薪謀議苦，橫海壯心摧。碧血隨青史，名山託古哀。欲尋舊蓁迹，溽雨長莓苔。死友譚壯飛於甲午前後，曾兩渡臺，欲有所建樹，不得志而歸。其所著《仁學》，初題曰臺灣人所著書。

（第五句，「隨」，《詩薈》作「垂」。第七句，《詩薈》作：履蓁尋後死。末句，「長」，《詩薈》作「泣」。）

聞道平蠻使，追逋竟未休。網張隘勇線，器漆社蕃頭。弱肉宜

強食，誰憐祇自尤。物情如可翫，不獨惜蒙鳩。日人頃方銳意黎掃生蕃，廣張所謂隘勇線者，蹙之于叢菁中（《詩薈》無「蹙之」以下六字）。戰略與名稱皆襲劉壯肅之舊也。今殆廓清無孑遺。吾游博物館，見藥漬生蕃頭纍纍然。

（第六句，「尤」，《詩薈》作「由」。）

慘綠相思樹，殷紅躑躅花。能消幾風雨，取次送年華。北首天將壓，南來日又斜。金仙行處斷，鉛淚滿天涯。

（「金仙」，《詩薈》作「銅仙」。）

□臺灣竹枝詞

序：晚涼步墟落，輒聞男女相從而歌，譯其辭意，惻惻然若不勝谷風小弁之怨者。乃掇拾成什，為遺黎寫哀云爾。

郎家住在三重浦，妾家住在白石湖。路頭相望無幾步，郎試回頭見妾無。首二句，直用原文。

韭菜開花心一枝，花正黃時葉正肥。願郎摘花連葉摘，到死心頭不肯離。首句，直用原文。

相思樹底說相思，思郎恨郎郎不知。樹頭結得相思子，可是郎行思妾時。全島所至，植相思樹。

（第二、三、四句，《詩薈》作：情葉情根深似伊。樹頭能得相思子，問子相思知不知。）

手握柴刀入柴山，柴心未斷做柴攀。郎自薄情出手易，柴枝離樹何時還。首二句，直用原文。

（首句，「握」，《詩薈》作「跨」。）

郎搥大鼓妾打鑼，稽首天西馬祖婆。今生夠受相思苦，乞取他

生無折磨。臺人最迷信（《詩薈》無「最迷信」三字），所謂天上聖母者，亦稱為媽祖婆，謂其神來自福建，三月迎賽若狂（《詩薈》無「謂其神」以下十三字）。

（第四句，《詩薈》作：還乞相思來世多。）

綠陰陰處打檳榔，蘸得蒟醬待勸郎。願郎到口莫嫌澀，箇中甘苦郎細嘗。

芋芒花開直勝筆，梧桐揃尾西照日。郎如霧裏向陽花，妾似風前出頭葉。首二句，直用原文。

教郎早來郎恰晚，教郎大步郎寬寬。滿擬待郎十年好，五年未滿愁心肝。全首皆用原文，點竄數字。

蔗葉長大難遮陽，蔗花雖好不禁霜。蕉肥蔗老有人食，欲寄郎行愁路長。首句用原文。

郎行贈妾猩猩木，妾贈郎行蝴蝶蘭。猩紅血淚有時盡，蝶翅低垂那得乾。

■詞作

□蝶戀花　感春（遊臺灣作）

倚徧黃昏人瘦削，愁對陰陰，舊日閑池閣。燕子不來風動幕，是誰偷覷秋千索。　一雨做成新夢惡，夢裏羅衾，恰似薄情郎。早識金鈴成漫約，餘英悔不春前落。

（此詞見《書牘》第六信。第四句，《文集》作：記得燕來風動幕。「金鈴」，《文集》作「護鈴」。）

別路屏山天樣遠，苦怨斑騅，不放人留戀。波底題紅流片片，憑君量取愁深淺。　恨雨顰煙朝暮捲，便到春回，憔悴羞重

見。何況夢中時鳥變，東風已共游絲倦。

（「流片片」，《書牘》第六信作「餘片片」。）

江上琵琶聲最苦，不分娉婷，錯嫁浮梁賈。昨夜夢雲迷遠浦，推篷又是愁風雨。　休問飛紅誰是主，纔墮天涯，半響成今古。一角池萍風約住，前身誰信枝頭絮。

（此詞收錄於《文集》，未見於《書牘》第六信。）

歲月堂堂人草草，數盡花風，冷透春懷抱。鎮日西園鶯不到，斷紅零粉誰知道。　多事庭蕪青未了，和月和煙，牽惹閑煩惱。誰遣南雲音信杳，一年又見吳蠶老。

（此詞見於《書牘》第六信。第三句，《文集》作：冰盡春懷抱。）

依約年時攜手處，謝卻梨花，一夜廉纖雨。雨底蜀魂啼不住，無聊祇勸人歸去。　劃地漫天花作絮，饒得歸來，狼藉春誰主。解惜相思能幾度，輕軀願化相思樹。

（此詞見於《書牘》第六信。「一夜」，《文集》作「添卻」。「解惜」，《文集》作「誓待」。）

莫怨江潭搖落久，似說年來，此恨人人有。欲駐朱顏宜倩酒，鏡中爭與花俱瘦。　雨橫風狂今夕又，前後啼痕，還耐思量否。愁絕流紅潮斷後，情懷無計同禁受。

（此詞見於《書牘》第六信。第二句，《文集》作：似說年時。第七句，《文集》作：前夜啼痕。）

□八聲甘州　鄭延平王祠堂，用夢窗游靈巖韻

甚九州盡處起悲風，漢軍落前星。賸百年花鳥，種愁荒砌，啼

血空城。夜半靈來靈去，海氣挾蛟腥，似訴興亡恨，鈴語聲聲。　今日紅羊又換，算學仙遼鶴，有夢都醒。對斜陽無語，彈淚滿冬青。漸東流夜潮去急，蕩舊時明月下寒汀，憑誰問，悶重重恨，樹靡東平。

□暗香　延平王祠古梅相傳王時物也

東風正惡，算幾回吹老，南枝殘萼，水淺月黃，長是先春自開落。二百年前舊夢，早冷卻棲香羅幙。但賸得片片倩魂，和雪渡溪彴。　依約，共瘦削，便撩亂鄉愁，驛使難託。鸞牋罷寫，閑殺何郎舊池閣，休摘苔枝碎玉，怕中有歸來遼鶴，萬一向寒夜裏，伴人寂寞。

□高陽臺　題臺灣逸民某畫蘭

紫甲孷煙，素心泫露，等閑消得黃昏。幽谷年年，孤芳誰共溫存。多情應解思公子，渺予懷可奈無言。最淒涼月冷空庭，香返騷魂。　秋人別有秋懷抱，將靈均遺佩，寫入冰紈。雨葉風枝，古今無限荒寒。憑君莫問移根地，怕著來總是愁痕。更銷凝，象管拋餘，淚滿湘沅。

□西河　基隆懷古（用美成韻）

沈恨地，百年戰伐能記。層層劫燼閟重淵，潛虬不起。但看東海長紅桑，蓬萊極目無際。　耿長劍，誰更倚。虞泉墜日難繫。鼓聲斷處月沈沈，浪淘故壘。返魂槎客若重來，酬君清淚鉛水。　夕陽一霎見蜃市。又罡風，吹墮千里，欲問人間何

世。看寒流湧出,漢家明月,消瘦嫦(「嫦」,《文集》作「姮」)娥山河裏。

□念奴嬌　基隆留別（用玉田韻）

司勳傷別,況天涯春盡番番風雨。行也安歸留不得,斷渡似聞鈴語。西北雲深,東南地圻,萬恨憑誰補。扁舟去後,殘蟾應戀江樹。　為問枝上啼紅,千山鵑老。顏色能如故。草草東流村壁字,平地幾回今古。碧漲量愁,玉當緘淚,影事君看取。落潮今夜,酒醒夢墜何處。

□浣溪紗　臺灣歸舟晚望

老地荒天闊古哀,海門落日浪崖嵬,憑舷切莫首重回。　費淚山河和夢遠,彫年風雨挾愁來,不成拋卻又徘徊。（三年不填詞,游臺灣悵觸舊恨,輒復曼吟,手寫數闋寄仲策,自謂不在古人下,儻亦勞者之歌,發於性情故爾入人耶。辛亥四月朔——飲冰）

二、辜鴻銘來臺相關報導彙編

林慶彰＊編　　藤井倫明＊＊譯

　　辜鴻銘（1857-1928）是清末民初的大儒。他曾留學英國、德國，精通多國語言，對德國和日本的思想，也有相當的影響。可惜，下苦功研究他的學者並不多。不但他在德國留學的情況，相當模糊，即民國十三年（1924）底來臺灣講演，大多數學者所編辜鴻銘年表，也都語焉不詳。如：黃興濤著《文化怪傑辜鴻銘》（北京：中華書局，1995年5月），頁375，在1924年辜鴻銘68歲欄下說：「年底，應辜顯榮之邀到臺灣講學，旋回國。」孔慶茂著《辜鴻銘評傳》（南昌：百花洲文藝出版社，1996年12月），頁236，1924年欄下說：「11月16日，應族弟，臺灣實業家辜顯榮之邀，由日本赴臺灣作短期演講。」姜克著《學貫中西，驚世奇才──辜鴻銘傳》（合肥：安徽文藝出版社，1997年11月），頁255，1924年欄下說：「年底應辜顯榮之邀到臺灣各地講演孔子學說。」這些記載，不但過於簡略，且時間也有錯誤。可見這些研究辜鴻銘的學者，都沒有對辜氏在臺的活動作過較深入的研究。

＊　林慶彰，中央研究院中國文哲研究所研究員。
＊＊藤井倫明，日本九州大學文學部博士候選人，中央研究院中國文
　　哲研究所訪問學員。

　　1994 年年底起，筆者開始有編輯《日據時期臺灣儒學參考文獻》的構想，發現各報刊中有不少辜鴻銘來臺訪問的報導，2000 年初起，遂根據五南圖書公司影印的《臺灣日日新報》逐日檢閱，加上《臺灣民報》、《臺灣詩薈》之評論，中、日文合計達數十則之多。這些都是以前研究辜鴻銘之學者從未引用的資料。由於五南圖書公司影印之《臺灣日日新報》模糊不清，乃請蕭開元學弟再到國家圖書館臺灣分館重印一次。將所得之資料，按時間先後編排完畢，乃請臺北市立師範學院應用語文研究所顏素足學弟輸入電腦，並作初步校對，再請正在中央研究院中國文哲所作為期一年之訪問的九州大學文學部博士候選人藤井倫明先生作進一步校對，並將其中的日文報導譯為中文。筆者再作最後校訂。此事起始於 2000 年初，至 2001 年 9 月才全部完成，計花費二十一個月之時間。執行此事之困難，於此可見。

　　有關辜鴻銘來臺之報導資料，本文未收者可能還有不少，希望海內外先進能賜予指導。 2001 年 9 月林慶彰謹誌。

大正十三年十一月十九日

　　刊載辜鴻銘照片一幀。旁有標題「近く來臺する支那碩儒辜鴻銘氏」。（《臺灣日日新報》，大正 13 年〔1924〕11 月 19 日）

大正十三年十一月十九日

碩儒辜鴻銘博士，二十二日，乘扶桑丸來臺灣

　　從上個月十四日到東京後，便在各地演講的中國大陸之碩儒辜鴻銘博士，應辜顯榮先生的邀請，決定於二十二日坐船偕同東中將來臺灣。關於博士所堅持之主義、主張，在許多的報紙上已經有介紹，所以後文將說明其從來不為人知的事情。

　　辜鴻銘博士，雖然在《支那官紳綠》上沒有記載其名，不過他是很有名的碩學大儒。儘管現在已經是民國十三年，但他還把辮髮留了下來。他的英文非常好，流利得在什麼地方演講都用英文。他就是這樣的英文學者。

　　關於博士的辮髮，在英國留學中有一個很有意思的插曲。博士在英國念書的時候，有一天他在一家旅館要去如廁的時候，女服務生說：「這裏不是女用的」。因為博士有辮髮，所以她以為博士應該是女生。博士非常氣憤，立刻把頭髮剪掉了。博士在檳榔嶼出生，十八歲的春天，跟隨一位逗留在檳榔嶼叫作「Scot」的英國人到英國留學。博士對英國文學的造詣很深，雖然不及那位泰戈爾用英文寫詩獲得諾貝爾獎，不過博士也把中國思想巧妙地譯成英文。博士翻譯出來的英文，有時比用漢字原文本來所表現的思想更有含意，這正是博士的優點。聽說讀博士翻譯的英文《論語》，反而比讀漢文《論語》更能感覺到孔子的新生命，而且更有意思。

　　博士用英文寫的著作中，相當有名的就是《尊王篇》、《春秋大義》、*Oxford in China* 等等。在日本比較有名而且最能呈現博士之日本觀的，就是曾經向中國的外國報紙投稿的一篇〈日本的將來〉。看這篇文章就可以知道博士非常了解日本。本社將會把這一篇另外摘錄於別處。他是一個讚嘆日本者，而且

是日本的朋友。他所以會愛日本、讚嘆日本的原因就如眾所皆知的，是跟他救了一位被賣到廣東一家日本酒樓來的一個日本少女，而且還跟這個少女結了婚有關係。（《臺灣日日新報》，大正13年〔1924〕11月20日）

大正十三年十一月二十三日

刊載辜鴻銘照片一張。旁有標題「けふ來臺した辜鴻銘氏。」（《臺灣日日新報》，大正13年〔1924〕11月23日）

大正十三年十一月二十三日
到臺北之辜博士——嘗以英文著《尊王篇》驚倒聯合軍

辜博士（鴻銘），福建省泉州府同安縣人。與辜顯榮氏同族。字湯生。本年六十有八。先大父時，渡檳榔嶼，家之。博士自幼聰穎，有大志。初慕西洋文明，遊英京，入小中學，以至高等大學。潛心研究各國文學，綜貫通徹列強語言之善操，特其末節也，令名早震於歐美人之間。年三十餘歸朝，寓北京。修中國古賢聖之學，豁然了悟，以為東洋文明，遠駕於西洋文明之上，於是生活上之習慣，立棄洋而就漢。張文襄（之洞）督鄂之際，延之為幕賓。頻勸文襄，折衷所長，漢洋互用。會聯軍侵燕，西后與光緒帝，蒙塵西安。博士目擊心傷，慨然以英文，作《尊王篇》，致之外報，痛詆聯軍之暴。洋洋數千言，多中肯語。大意謂西后以一寡婦，挈一孤兒（指光緒帝），而能用曾左諸臣，敉平洪楊之亂，維持四萬餘州之山河，登子民於衽席之上，其功烈不可謂不偉。以西俗論，正宜

尊崇而保護之不置，何反持強而欺侮之。且入其國都而蹂躪
之，不仁孰甚焉。以文明人，肆意為此，所玷文明人之面目多
矣。歐人讀之，輿論譁然，反攻聯軍之舉動。聯軍之不為己
甚，別國之不妄要脅者，未始非博士之力也。後是篇膾炙人
口，廷臣有譯之，而上於朝，西后讀之，擊節稱賞，宣見褒
嘉，賜以進士出身。清鼎既革，仍不易其尊王之義，而以著作
貢獻文化為己任。時譯孔孟老莊，以他諸子百家之醇者，傳之
歐美社會，以紹介東洋文明之精粹。歐美婦孺，多有知之。齋
藤朝鮮總督，素與交善，數請之遊，輒不果，今秋適有暇，飄
然之京城，為朝鮮官民，講東洋文明史，更譯漢文示之。一朝
鮮青年，僭改其一字，反有乖錯，博士面斥其狂妄，有「國家
之滅，無禮亦其一由」之語。既而應東都人士之請，順途來
朝，於東西都及大阪，各講演數日。輒有朝野名士，多數往
聽。博士一操英語，以明東洋文明之奧妙，往聽者嘖嘖稱之。
此行於島內各重地，信能為諸後學，闡明未彰之學理無疑。目
下各界有志，正翹首待之矣。（《臺灣日日新報》，大正 13 年
〔1924〕11 月 23 日）

大正十三年十一月二十四日
漢洋學的權威・辜鴻銘博士略歷㈠ 督府外事課某先生談

以現代中國第一流的思想家、論客聞名，外國人稱 Gu-
Hong-ming，受到大家尊敬的辜鴻銘博士，曾經過朝鮮而後訪
問他憧憬的日本，受到大家的歡迎，並在各地演講，他的名聲
一時好像更形高揚。博士已經於二十二日偕同大東文化協會的

東中將，乘坐扶桑丸來臺灣。我覺得本島（臺灣）的很多人都
希望能知道關於博士的事情，所以我要把他的履歷、為人、主
張等等的概略，依據我們所讀到的和聽到的，介紹一下。

　　辜鴻銘博士的祖先是臺灣對岸的福建省人，他的父母是移
民南洋海峽殖民地彼南的華僑。誠如所謂「梅檀從發芽時便很
香」這句古語所比喻的：偉人自小就不平凡的一樣，博士從小
時候便很聰明，被稱為神童。博士十三歲的時候，與當時很有
名的小說家 Scot 同族的蘇格蘭人 Volks Scot，偶爾剛好住在檳
榔嶼，認識了博士。Scot 賞識辜少年的偉才而對其將來寄予
厚望。結果辜少年跟隨 Volks Scot 到英國去，立刻上了 gram-
mar school，然後考上愛丁堡大學。由於他不但有無比的天
賦，而且還拚命努力念書，所以以優秀的成績畢了業。畢業以
後便去德國柏林，再上那裏的 Polytechnische Schule。在德國逗
留的時候遍訪歐洲各國，學業完成後，便於二十六歲時返回祖
國。他學會賅博深遠的泰西的學問，回國以後學習中國固有的
漢學，漸漸熟悉祖國的事情。爾後當上了上海 Mercury 報社的
記者，發揮才能，把關於中國的消息翻成英文。這個時候，當
時的湖廣總督張之洞認識他，一下子便起用他為秘書官。中日
戰爭的時候，他跟唐紹儀被派遣到上海去，擔負招募外債的任
務。當張之洞晉升為軍機大臣北上的時候，他也被任命為郎
中，跟隨張之洞北上。

　　義和團事件以後，隨著革命思想的興起，像辜博士這樣熟
悉漢洋兩學的人很受到歡迎。其後浚渫局在上海黃浦江設立，
他代表中國政府管理事務。但不料卻與外國技師意見不合，遂

辭職，轉任上海南洋公學的教授。

當明治四十四年，在武漢發生辛亥革命的時候，辜博士毅然提倡維護清朝，毫無顧忌地主張立憲君主制。可是那時候共和政體的氣勢磅礡，廣及四方，對於立憲君主制，學生的反感也越來越激烈。所以辜博士不肯依靠李鴻章、袁世凱等的北洋軍閥來扶持清朝，為了堅持自己的主義，辭去教授之身分成為無職業者。之後，有時在北京大學教英文，有時向中國各地的報紙投稿。最近向 North China Standard 以及上海的一兩家報社投稿；或者著書，安於清貧的記者生活，警世訓化人民。辜博士通曉拉丁、希臘、希伯來等語所寫成的古典，長於英、法、德、義等各國語言。因為他多年來受英國式的教育，所以特別熟悉構成現代英國文明的科學文明，對英國人表現感情的英文文學造詣最深，已經被認為是一位英文文學的權威。關於英文文學，他大概是東方首屈一指的人，據說英國人或美國人也無法與之匹敵。他的文章雄渾莊重、識見卓拔，富於幽默和諷刺，且引證亦相當賅博。常常自由自在地引用西方的大思想家、大哲學者、大詩人的議論、學說、名句，而且把論旨理解得相當透徹，有如果不能說服讀者的話，就不肯停筆的氣魄。有的記者看到他雄健的筆力，讚嘆不已。聽說外國人也跟他論戰而不能獲勝。（《臺灣日日新報》，大正 13 年〔1924〕11 月 24 日）

大正十三年十一月二十五日
漢洋學的巨匠‧辜鴻銘博士略歷㈡　督府外事課某先生談

　　臨城事件的時候，辜博士跟美國人展開論戰，使美國人屈
服，這也是很有名的美談。現在在中國或是在日本也有很精通
東、西方學術文明的學者，可是能像辜博士那樣地徹底體會東
西兩文明，酌量其優點與缺點，能威風凜凜地向歐美人侃侃而
談的世界性思想家、文章家則很少。聽說外國人不認為辜博士
是中國人，也不將他視為歐洲人，就把他當成是世界性的人，
我覺得真有道理。因為他的議論、主張頗為新穎，超越時代的
潮流，所以世俗之人或是崇拜西方文明的學者，有人把他當做
是古怪的人，有的則貶低他，說他只不過是落後於時代的乖僻
之人。辜博士則主張說道：作為新聞記者，應該以清議為任
務，寫自己所信以為最善之事，絕對不可為了報酬而工作。新
聞記者須成為現代的托缽僧侶。他一邊當記者，一邊從事著述
和翻譯，所以他著有幾篇著作。最有名的是《尊王篇》、《春
秋大義》、*Oxford in China* 等等。《尊王篇》的成書緣由如
下：平定長髮賊有功的彭國霖臥病在床的時候，西太后屢次賜
給彭國霖藥品和食物，彭國霖每次都感激涕零。辜博士在廣東
當張之洞的幕僚的時候，聽到這個故事深受感動，而寫成了
《尊王篇》。我在翻閱這本書時，就發現博士用卓越美麗的英文
寫成此書，而且賅博地引用希臘、拉丁、英國、德國、法國等
國的詩人、哲學者，以及中國古代的巨匠們的名文，真是令人
很佩服。還有他把《論語》、《大學》、《中庸》譯成英文，在
將東方思想介紹給歐美學者上，有很大的助益。

　　辜博士在德國的評價特別好，聽說他在 Göttingen 大學教
書的時候，獲得非常高的讚譽。關於他用漢文寫的著述，有

《張文襄公幕府記》二冊，據說他作詩也很拿手。

關於被稱為中國的蕭伯納，或是與印度詩聖泰戈爾同被稱為亞洲哲學雙璧的碩學鴻儒——辜博士，雖然淺學菲才如我，無法窺測忖度博士的思想、造詣，但是現在且依據他的演講，以及內外報紙的消息，酌量概括他的思想學問，介紹其中的一部分。

博士所以變成如現在這樣強烈的思想家、精神家，原因有許多：

第一、他多年在外國研鑽西方的歷史、文明，看透其真相及缺點。

第二、回中國以後，博士才開始研究祖國的學問、思想，而且以繼承孔孟衣缽的大政治家、大學者張之洞為師，受到很大的感化，結果由此而理解東洋文明的優點。

第三、他認為中國的制度非常適當，而且為清朝君主的重情義所感動。

第四、他透過他的夫人，即貞淑而且有武士氣節的日本婦人，了解到日本的歷史和日本的道德，結果成為憧憬日本精神、文明的人。

第五、關於現在祖國的同胞不知道本國本來有崇高而且美善的精神文明，徒然醉心於西洋物質文明，且胡亂模倣西洋的制度，結果讓國運瀕臨危殆。博士對此感到憤慨。（《臺灣日日新報》，大正 13 年〔1924〕11 月 25 日）

大正十三年十一月二十五日

從同種文明來說明「我是真實的支那黨」並論述日支合作之未來的辜氏

官民有志為辜鴻銘氏及東中將所舉辦之歡迎會，已如所報，在二十四日下午六點於梅屋敷召開。與會者包括後藤長官、各部局長以及民間諸民士約九十餘人，席滿坐定後，高田知事代表發起人，首先提出感謝辜氏在到來後，以其淵博之見識及犀利之觀察力給予國人許多有益的批評及教訓，並述及因為中華民國與日本在文明上，較西方諸國略遜一籌之故，有因此對輸入西方文明做了極大之努力之結果，對於所謂的東洋文化的彰顯等付之等閑之憾。私下以為，今日日支兩國同樣地在思想問題上持續地遭遇著一個危機。正當此際，從如辜氏這般有學識與觀察力者之處，得以聽到適切的警告及批評，是我們覺得非常有信心的。如此，我們所景仰且希望能聽到其警語之辜氏，此次出乎意料地能迎接其至臺灣來，由衷地令人感到喜悅。希望在此機會下臺灣的實際情況能被深入地觀察並獲賜適切之警告及批評。接著，陳述了由衷歡迎大東文化協會之東中將來臺之旨，法水外事課長以英語翻譯後，辜氏立刻起立以流利之英語感謝渡日以來內地官民及在臺灣之官民的熱誠歡迎後，說明雖以其為有學識之人，但此絕非正確，自己只不過是一個流浪者罷了。然而如此地被熱誠歡迎，可證明日本國民並非是只重視金錢力量與權利的國民，而是重視道德及思想的國民。如剛才所說的，日本及支那都將泰西文明積極地輸入，那麼此二國的將來會是如何？

外國人經常說日支兩國絕對無法合作。但是，在我認為兩

國是原本具有相同的文明的國家，因此無論如何是必須互相提
攜的，而且是必須互相提攜以向前的。透過此種合作的結果，
將可卜知兩國之未來。兩國若僅以物質上的利害為依據的話，
則絕對是無法得到真實的合作的，精神上的結合才是能長久合
作的唯一必須條件。凡文明必有其象徵。今日如各位所見，我
辮著頭髮，這是有理由的。如各位所知，支那發生了革命產生
了總統，而且也有皇帝，這只不過是虛假的總統，似是而非的
皇帝罷了。

在現今的支那，有舊支那黨與新支那黨。人們動輒認為我
是屬於新支那黨的，但絕非如此。我既非舊黨亦非新黨，而是
真實的支那黨。誠如所知，從前在支那曾有須剪除辮髮的情
況，然而這絕不代表是國民一般的希望的。在今日亦仍然如
此。因此，我仍蓄留著辮髮。為此，外國人屢屢視我為狂人，
此為坐不解我之真正的思想、精神之罪也。我在前往日本之途
中亦順便踏足朝鮮，並無外國人所議論紛紛之事。我發現日本
在朝鮮之治績相當好。來臺至今尚未超過兩、三天，雖然無法
下任何的批評，但可以看見的是今晚集結於此的諸位，每一位
都呈現出相當坦率的面容。

在物質文明上，日本內地與其旁之朝鮮都在前進，而支那
的國民無寧說是太理想化，在物質文明上更是必須更加以發展
的。我知道往往有批評家說日本太過於重視物質文明而忽視精
神文明。針對於此，雖然多少可以同意，然而在一般日本國民
之間無寧說是應該確實地承認其精神文明已普及。我覺得日支
兩國的國民要真正的結合融合的話，除了互相以溫暖、親切地

心來結交友誼以外是別無他法的。若日本有以文化較支那先進之故而以高壓之態度對待支那之情況的話，是絕對無法結合或是融合的。

　　我的第一任妻子為日本人，曾經有人對她說你還真能安於粗鄙的風俗時，那時我曾回答說：「雖然身著襤褸，但心卻如著錦。」最後，我起初對日本是抱持著悲觀的想法的，但實地去訪問、觀看日本後卻完全地變成樂觀了。

　　在法水氏的翻譯後，辜氏最後以日本語對於今晚的歡迎宴會說了「非常感謝」後，舉起酒杯乾杯。接著，東中將起立即席致詞後，就大東文化協會的使命進行述說。之後，大家就宴席，賓主盡歡，九點半散會。（《臺灣日日新報》，大正 13 年〔1924〕11 月 25 日）

大正十三年十一月二十五日
辜鴻銘氏督府訪問

　　來臺之辜鴻銘氏，雖因在船上時造成腸胃不適而處於靜養中，但在二十四日上午十時仍拜訪總督府，在法水外事課長的引領下與後藤總務長官打聲招呼，在一覽府內後於十一時離去。（《臺灣日日新報》，大正 13 年〔1924〕11 月 25 日）

大正十三年十一月二十六日
漢洋學的巨匠・辜鴻銘博士略歷㈢　督府外事課某先生談

　　如從上述的幾節便可看得出來的，他的思想就是保守主義和現在流行的民主主義共和政治、物質文明等等並不協

調。過去數千年間，西方的文明，尤其是利用物質機械發達的文明，相當璀璨耀眼，真可以令人驚嘆不已。但是因為物質文明的大潮流澎湃地泛濫，所以精神道德文明被此逆浪凌駕，導致產生了其力量幾乎隱藏無遺之情況。對此大勢，歐洲諸國的宗教家、教育家、有識之士雖拚命努力，卻也沒有用。物質主義、軍國主義越來越興盛，結果終於導致上次的世界大戰，殘害了數百萬的人民，以及破壞掉巨大的財富。於是花費了過去數世紀，特地建立的文明，轉瞬間就崩潰了。醒悟此悲慘的體驗，各國拚命地依靠國際聯盟、華盛頓會議或其他的會議、協約，在國外希望維持國際的諧和，而在國內則希望得到國民生活的安定。然而卻好像不容易找到可以帶來永久性和平之根本解決方式的樣子。反過來看，日本的現況，真不得不叫人打起寒顫。我國一開始跟泰西各國通商，就沒有任何理性的批判，模倣地、機械地進口泰西的文明，過去半世紀之中，算得上是幾乎成功地吸收了泰西文明，並加以普及。

然而盲目地陶醉於西方文明的結果，只注重外表的物質生活，至於精神生活則被破壞。於是現在我們在政治生活、社會生活、個人生活上，都面對了非常危險的情況。目前，日本的執政者、教育者、宗教家、有識之士等正在苦心思索該怎麼應對時代思潮，妥善引導國民生活。我覺得應該振興日本特有的根本道德，即忠孝主義，另外，首先要把幾千年來做為東方文化之根源，醇化我國之民族精神，而且和我國體相融合的，中國古代的倫理道德，以及從印度傳來的哲學、宗教好好地加以理解，然後，採取歐美文明的優點，建設融合東西的新文明、

新道德，不但救濟本國人，而且應該主動地對世界文明及人類
和平和幸福做出貢獻。我堅信這就是我們國民高尚的理想。據
說在歐美各國，康德哲學主義漸漸抬頭，興起了主張推廣歐洲
古代文明的精神、提高國民的理想，因此關注並希望研究東方
思想、中國古代文明的學者也越來越多。當此之時，精通東西
文明，而且高聲提倡東方有其特有的文明道德的辜博士，便在
思想混亂的社會，對徬徨的日本國民舉行演講而大聲疾呼，這
真是有意義的事情。辜博士對日本人的要求，一言以蔽之，就
是不要一直醉心於泰西文明，要發揮東洋文明之根本意義，並
實際應用之。又，復興中國文明一事就是日本人的神聖職責。

　　雖然內外的報紙、雜誌，對辜老師的思想、意見有種種的
批判，也有持反對意見的。但是如果我們能諒解他的本意的
話，一定會對我們非常有益。（《臺灣日日新報》，大正 13 年
〔1924〕11 月 26 日）

大正十三年十一月二十六日
辜氏訪問督府

　　辜鴻銘氏，二十四日午前十時，訪問總督府，由法水外事
課長案內與後藤總務長官面會，于府內一覽後，十一時辭去。
（《臺灣日日新報》，大正 13 年〔1924〕11 月 26 日）

大正十三年十一月二十六日
官民公宴辜東兩氏

　　臺北市及附近官民有志，既如所報，去二十四日午後六時

起，假梅屋敷，為辜博士（鴻銘）、東中將（乙彥），大開歡迎會。豫會者，後藤長官，暨督府各部局長，各官衙學校長，民間名士，凡九十餘名。賓主席定。高田知事。代表發起人敘禮。先謝其以賅博之見識炯眼之觀察，對我國民，批評教訓，在在有益，而後謂「日」華兩國，為其文明，遜泰西諸國一籌，故汲汲輸入之。而泰東文化，遂有埋沒不彰之憾。竊惟兩國今日，皆於思想問題，有岌岌可危之感。當此之時，而得博學明眼如先生者，妥為警告批評，我等之心大為之強也。先生蓋我等所景仰欽慕，必欲常聽其警語者，不意此回，得於臺灣迎之，欣慰何似，願此機會，詳察臺灣實況，而妥為批評警告之，幸甚云云。次對東中將，述歡迎辭，法水督府外事課長，英譯畢，博士立操流暢英語，鄭重述謝，大義謂「余渡貴國以來，到處官民共以余為碩學，熱誠歡迎，而實不然，余一浪人耳，然辱熱誠歡迎，足證日本國民，非徒重金力權力之國民，而崇道德思想之國民也。如今所言，日華兩國，輸入泰西文明太甚，將來如何，外國人恒言日華兩國，決不能提攜，以余思之，兩國素同文明，自得提攜而進，此其成否，可以卜兩國之將來也。物質利害，決不能真提攜，要必精神結合，即心心相印，始得提攜於久遠也。凡文明必有其表徵，余今尚垂辮，此有理由，夫中華革命，廢皇帝，易總統，然此總統不過似而非之皇帝。今日中華，分新舊兩黨，人輒以余為新黨，決不然，以為舊黨，亦不然，余真實之中華黨也。中華曩剪辮，此決非代表一般之希望，今日猶然，故余乃存之。外國人，屢視余為狂人，此坐不解余真思想精神之罪也，余渡日之途，次於朝

鮮，而關日本於該地之治績極佳及渡臺灣不過二三日，末由批
評，但觀今夕所聚各位，披誠相待，心焉感之，抑物質文明，
日本朝鮮均有佳步。中華民國，理想太過，宜使更加發達，世
之批評家，屢言日本過重物質文明，閑卻精神文明，而余則確
以日本國民，為偏重精神文明者。日華兩國民真欲結合融和，
捨懇切相待，別無善法。若以日本文化過於中華，而出高壓態
度，決不能結合而融和也。余初娶日本婦女為妻，或告以華俗
污穢，而卿何善耐也。內心答之曰衣雖襤褸，心則潔白，如著
錦袍也。余實如是。初余對日本，懷抱悲觀，比訪日本，轉為
樂觀也云云。言畢，法水氏譯之。最後博士操國語述謝。欣然
乾杯。次東中將，亦起述謝。並談大東文化協會之使命。宴
酣，紅袖歌吟，博士不覺忘形，而為引滿，九時半盡懽而散
云。(《臺灣日日新報》，大正 13 年〔1924〕11 月 26 日)

大正十三年十一月二十七日
辜博士縱談

辜(博士)鴻銘既駐大和行，或過訪之，博士欣然語之
曰：「余原籍同安白礁，生長南洋，為學西洋，活動東洋，即
東西南北人也。十三歲適福州。十四歲渡英國，肄業八年餘，
研究文學；移德國，肄業二年半，研究工學。間或往來法、
意，能操英、德、法、意諸國語，而作希臘、拉丁文。並會說
日本、中華(北京、福州、泉州、廣東)、馬來話。日本語，
從亡妻(日本人)習來，十六年前亡矣，而余已老，話亦漸忘
矣。

　　前清時，官至郎中。及民國，嘗為北京大學講師。會船津
奉天總領事，創《華北正報》，乏人主英文稿，求之余，余以
主義同，慨然應之。時都人方排日，大學生及他知友，多為余
危，力諫之，余不以為然。事為該大學當事所知，而以此咎。
余至是，知不見容，遂告退。小幡前公使，知余因此吃虧，憐
之。該報自創立以來，經閱四年，頗見重於世，而為東洋貢獻
者不少。

　　顧自悼前妻以來，少與日本人往來，不意此番渡日，日本
舉國，盛情相待，余駭為意外。通觀其國情，中以上之人，
多能自知其病，可醫治、可進步。而華人能自知其病者鮮。大
抵知有己不知有人。誠能躬自厚而薄責於人，何至如今之亂
哉。現在為政者，有北派，有南派。北派如直隸，多偽君子。
南派如廣東，多真小人。然前者不可依，後者則可依也。日本
立國之地至危，非國人善奮，不堪設想矣。俄人之好戰，列強
所憚，不意日本能折之，以保全東洋，至今中華獲免瓜分之禍
者，平心而論，日本之力也。排之者獨何心哉？渡臺以來，恆
見臺人善操日語，不見日人善操臺語者，不能無惑。余有《讀
易草堂集》英文八種，漢文二種。嘗英譯《學》、《庸》、《論
語》，傳之西洋。漢譯希臘、羅馬、法國烈女傳，傳之中華。
此行且擬暫駐也」云云。（《臺灣日日新報》第 4 版，大正 13
年〔1924〕11 月 27 日）

大正十三年十一月二十八日

　　辜（博士）鴻銘來朝，頻於內地各處，吐露講演，及菹當

地，或猶叩以此行宗旨何在？博士曰：「老生此行，有周君學淵，贈詩相送，大抵道盡吾之底蘊矣。」其詩如下：「東方有聖人，九州可太平。西方有佛教，萬類不相爭。聖人救人具，大法存六經。佛教有何用，神道治愚民。一夫得其所，堯舜之所名。仁賢為國寶，春秋為權衡。人人親與長，焉用術縱橫。中國三千年，恃此為長城。只有秦皇帝，棄德而用刑。帝業二世亡，四海不樂生。日本重儒術，佐以佛光明。黃帝之子孫，彼此無交兵。不料異端起，禹域化荊榛。豺狼厲爪牙，問我骨肉親。洪湥橫天宇，風俗失真淳。是天奪其魄，西方戰禍臻。哀哉三千萬，骨肉委荒屯。扶桑被餘阽，聞者為酸辛。天災地竟裂，人禍海無垠。凡茲因與果，由於上不仁。不仁心何滅，由于異術伸。金鐵勞萬人，不知一夫昀。區區田百畝，地平而天成。皇皇求仁義，尊為大夫耳。奈何從市兒，日夕計籌緡。富強非長策，西哲且知悛。仁義天所福，禍患自長湮。禍福如黑白，覆轍豈可循。所願豪傑士，以此書其紳。孔孟若飲食，將以育萬民。百工如衣服，缺一不為貧。君子成君子，小人安小人。名分以德辨，禮義重群倫。誰能由此道，當見民再新。辜公吾國賢，道得聖人真。悲天憫人窮，辨說尊孟荀。惜無斧柯手，將奈龜山薪。子輿昔遊梁，仲尼今入秦。焦口說仁義，黧顏犯風塵。安得垂天雲，與此涸轍鱗。日本無唇齒，禍福彼此均。必有真英雄，為子倒冠巾。開筵吐所抱，正氣一朝申。視為一家事，且始畛域泯。同心扶綱紀，協力感人神。賤貨有父子，尚德有君臣。力田與孝弟，萬物同振振。西土殺人技，錐刀何足珍。行見黃炎裔，坐致白狄賓。大哉孔子道，萬世所

宜尊。百川走東海，重星拱北辰。變器不變道。董子常諄諄。短歌為馬策。腐語不堪陳。」周君嘗仕清為道臺，學問深醇，其父名馥，原任兩江總督也云。（《臺灣日日新報》，大正13年〔1924〕11月28日·無腔笛）

大正十三年十一月二十九日
辜鴻銘博士訪問本社

　　腸胃病有點兒好轉的辜鴻銘博士，二十八日上午，穿著牡丹色的中國式衣服，突然跟辜顯榮、楊松二先生一起訪問總社，暫時跟井村總經理談了片刻以後便告別了。辜博士和往常一樣氣焰萬丈，立刻大筆一揮寫了照片上那樣的對句「玉風起華夏，喜氣滿乾坤」。他自己解釋說：「華夏」就是中國。我希望在中國能刮起玉風來，喜氣充滿於乾坤。可是現代的中國用夷變夏，正在被夷風征服。以前的中國不是這樣的，是用夏攘夷。而且以前的中國扶清滅洋，可是最近卻變成了扶洋滅清。真的令人嘆息。他慷慨地說：「此種扶清滅洋就是日本的尊王攘夷也。可是貴國（日本）最近也正在傾向於尊夷攘王。」又井村社長談及時代思想時說：「本島（臺灣）年輕人中也有這種人，敬老的美德也越來越見消失。」辜博士還快活地說：「吾自號謂讀易老人，此號就是出自《易經》中所謂：『作易者其有憂患乎。』這一文句，我還著有《讀易草堂文集》。迄今用英文寫的書也很多，所以我打算回國以後，把我寫的書送給臺灣的貴公司。」

　　同頁刊辜氏「王風起華夏，喜氣滿乾坤」法書一幅。

（《臺灣日日新報》，大正 13 年〔1924〕11 月 28 日）

大正十三年十二月一日
辜博士一席話　喜作臺灣之寓公

　　辜（博士）鴻銘到臺灣，島內官民，熱誠厚遇，督府且欲待以客禮，如寓鐵道大旅邸，不論星期旬日之費，概擬由官支出，遣人商諸博士，博士婉謝之，博士有言曰：「余寓臺灣，如歸故鄉，吾亦一臺民矣。」博士素惡活動寫真，映畫之不善者，易於敗壞風教，蓋青年男女觀之動輒不習於善，而習於惡也。北京一洋人活動寫真館，求為題匾，博士顏之曰：「怪力亂神」。博士曰：「泰西學術固昌明矣，使余有祖龍之權力，除新舊約聖書，及一曲本（益奇斯匹），餘皆可焚燒也。然新舊約聖書，猶不及於綱常倫理。余嘗以英文，作《春秋大義》，傳之西方，以匡其未逮焉者。」

　　博士垂辮之故，或未詳而叩之，博士曰：余全家皆垂辮，曩北京剪辮之聲浪高時，巡警到處強制，家中一輿夫，一日為其所強逃歸，余以事知其非民意也。而奧國參贊一輿夫亦為耳所強，至於辭職歸鄉，參贊詢其故，輿夫曰，余寧去食，保此辮也。後奧使以語余曰：貴國士大夫，不及一輿夫也。余聞之，一時愕然，及得其情，因敷衍轉告之曰，輿夫走卒，生計簡單，謀食容易，士大夫則不然，誰肯觀富貴如浮雲哉，不速表辮，則妻妾之奉，不可得也。麻雀之樂，不可得也。軒冕之榮，不可得也。私囊之飽，不可得也，守節云何哉。言畢，喟然者再。

博士此後講演，擬自南返，擇日為之，年中欲一回華。大東文化協會，方求博士為其研究部囑託，博士或諾，明春再渡內地，為該協會盡力也云。（《臺灣日日新報》，大正13年〔1924〕12月1日）

大正十三年十二月二日
中華民族的弊風　要之責己求己而已　辜鴻銘

某天下午，為了跟旅臺中的辜博士見面，記者拜訪了人在臺北的辜顯榮先生的住宅時，博士用福建話說：「這是我想說的一部分……」，便把以下的漢文草稿拿出來給我看。

光緒十年，日本人的岡千仞（振衣）先生到中國去遊歷，後出版了《觀光紀遊》一書。書中引用他的朋友櫻泉先生的〈中國弊風論〉之一節，以曾遊歷中土的櫻泉先生的論述極為確切，因而曰：「所以貴中土著，士大夫重名教，尚禮讓，志趣亦高雅而氣象溫和也。如農工食力者又忍受勞苦，安於質素，汲汲營生，孜孜治產也。是我國所不能及之處也。然而學者為講經藝而費百年，勤奮至白髮仍無處得業。其一旦登科第（清朝登用人材之政策），致身顯貴，耽於蓄財，得飽私囊則喜，失分憂，廉恥蕩然而不知以國家為何物也。而且雖身負如泰山盛名之名儒大家，日夜穿鑿經疏，亦只是講究謬異而已。」

清代「金石」「說文」二學，宋明以前所無。及顧炎武、

錢大昕諸家出,以「考證」為學以來,競出新意,務壓宋明理
學。然其學因紛亂混雜,故於現實無用者百倍於前。宋儒之
中,亦有少數有才氣之人以詩文書畫沽釣名譽,欲以之為博蓄
錢財之具。以是喪志而不能補身心,宛若風前之雲、月夜之
露,於當世無益。是與晉代之儒、穿鑿老莊之學者相距無有幾
何也。吏者以奴僕為甘,如婢妾侍長上之膝,以奉迎為風,望
門拜塵,欺己賣人,以之為自得也。商賈工匠亦眼中無一丁,
妝貌銜價。故陷於粗製濫造,騙取人財。人或以之猶為可,然
若以人理論,則其最下者如狗盜鼠竊,不知刑憲為何乎。夫不
知立於門前乞憐者之污穢為何乎。其輕躁擾雜而遭喧呼笑罵
者,皆由於風俗頹廢,教化不普及之故也。嗚呼,政教掃地而
至其極焉。是侮外國人之主張,傲然以禮儀之大邦自任,以歐
美為未開之國也,抑有故也云云。此乃二十年前之語也。猶想
起道光末年,號稱松龕中丞官徐繼畬著有《瀛環志略》。當時
讀之者,莫不以為其乃崇拜外國之人也,遂鳴其非,而種種訾
議亦橫生而出。結果導致他被免職。爾來我中國的士大夫以夜
郎自大的思想為主,結果導致被外國人誹謗。此亦不足怪也。
蓋現在仰慕歐化者不是也如此前倨後恭乎。孔子曰:「古者矜
廉,今者矜戾。」所謂廉者知責己而不責他,求己而不求人而
已。(《臺灣日日新報》,大正 13 年〔1924〕12 月 2 日)

大正十三年十二月二日
能救中國之混亂者只有東洋之霸者──日本而已

　　汎太平洋俱樂部例會從一日下午四點在鐵路飯店開始舉

辦。因為有鴻銘博士的特別演講，所以非常受歡迎，除了會員以外，希望參加聽者很多，高達八十名左右，這在該俱樂部的例會中，是個罕見的景況。四點三十分鐘，法水幹事發表開會致詞，介紹新人會員後藤檢查官長和今天的演講者──辜鴻銘博士。辜鴻銘博士以臙脂紅的中國傳統式衣服包裹著消瘦身軀，站在講壇上用流利的的英文演講著太平洋的將來。他演說的意思大略如下。

以前我擔心日本的將來，可是這次來日本，在知道了真實以後，變成把希望寄託在日本的將來，能改變成此種樂觀立場，我個人也很高興。今天晚上能讓我有機會在以增進世界各國的親善、文化的提昇為目的的汎太平洋俱樂部的席上，訴說自己的抱負，我覺得很欣慰和榮幸。蓋世界的文明乃從東方向西方進行者，此徵諸歷史則明也。亦即發源於地中海沿岸之文明移於羅馬，又從羅馬傳到中歐，接著在發現美洲大陸以後，隨著盎格魯撒克遜（Anglo-Saxon）族的移居美洲，文明也橫過大西洋而到了美國，現在更進一步地成為以太平洋為文明的中心。

而世界所有的問題集中於太平洋沿岸，所有的設施計畫也以太平洋為中心，此乃當今之現狀也。維持太平洋的和平，期許太平洋將來的發展，就是我們住在太平洋沿岸的人的責任。日本及中國開始跟歐美各國通商，未經數十年而能攝取泰西的文明，達到現在的發展，甚感同慶之至。但是看來似乎充分攝取物質文明、機械文明的同時，一方面卻也盲目地攝取形而上的文明，亦即精神的文明。我覺得雖然物質文明的進步發達應

當是件喜事，但是於精神的方面、道德的方面也一味地追隨泰西各國的話，則不得不加以考慮。現在我們所最憂慮的事情就是：日本的國體不僅美而且確實，相反地，我中國則動亂不絕，國內統一也未能達成。我們衷心希望中國的獨立，期待依靠日本人的公平寬大的友情，解決中國的問題。我希望日本人充分了解中國的傳統習慣，趕緊研究對策。德國因為糾纏到爭亂不絕的中亞，弄錯對策，所以滅亡了。所以就這層意義而言，日本也占有重要的地位。古語有言：高尚者，其所肩負的任務亦相對重大。日本的地位正是如此。我是提倡東洋文明和東洋道德的人，並不主張排外的人。我曾經向西方人表示過以下的這句話，說：「即使不得不克服所有的障礙，我也熱烈地希望把最好的東西結合起來。」

我的理想就是調合西方與東方最美好的部分。雖然如前所述，日本肩負著誘導中國的任務，但是日本本國離中國甚遠。臺灣不但與中國一衣帶水，而且大部分的臺灣人就是從中國大陸移民過來的人。所以臺灣人的風俗與中國人很像。故要了解中國，臺灣就處於最方便的地位。我相信住在臺灣的各位，都是帶頭活躍於解決對中國之問題的第一線。我來臺灣看到住在臺灣的日本人和臺灣人頗親密，政治、教育、產業各方面都有所進步，讓我覺得更有信心。我希望日本以深情厚誼的方針幫助中國獨立，使之成為世界列國對中國之政策的模範。

最後，法水外事課長翻譯了辜博士的演講，供應茶和點心，該聚會在下午六點散會。（《臺灣日日新報》，大正13年〔1924〕12月2日）

大正十三年十二月二日
辜鴻銘博士視察

現在正在訪問臺灣的辜鴻銘博士，預定二日上午十點參觀臺北第三高等女學校、第一中學校，三日參觀高等商學校。（《臺灣日日新報》，大正13年〔1924〕12月2日）

大正1十三年十二月四日
辜鴻銘博士·視察行程

現在正在臺灣逗留的辜鴻銘博士，預定從四日開始，視察很多所學校或是出席很多場演講會，其行程如下。

四日參觀商工學校和都府中央研究所，翌日休息一天，六日下午出席附屬在醫學專門學校內的臺灣教育會和東洋協會聯合舉辦的講演會，然後出席總督府的招待會。七日，休息一天。八日，出席大正協會在江山樓的招待會。九日，視察專賣局博物館。十日，下午十點八分，從臺北出發南下。十三日，從臺南出發去鹿港。十六日，從鹿港出發，返抵臺北。十八日，光臨階行社的招待會。二十一日，從臺北出發去廈門。（《臺灣日日新報》，大正13年〔1924〕12月4日）

大正十三年十二月五日
辜博士的視察

辜鴻銘博士，四日上午十點半，訪問臺灣商工學校，視察校內之後，向同校三年級的學生呼籲說：「人就是為了工作而被生。不工作的人沒有什麼用。我希望你們從現在起，專心學

習，將來變成能幹的人。」然後便訪問中央研究所，由加福社兩博士作嚮導，帶領博士參觀所內。辜博士稱讚所內的設備完善，在正午時告辭而去。（《臺灣日日新報》，大正 13 年〔1924〕12 月 5 日）

大正十三年十二月五日
辜鴻銘博士於醫專講堂演講

由東洋協會臺灣分部及臺灣教育會主辦，從六日下午一點半開始，辜鴻銘博士就「《東西教育的異同鎮」這個項目，在醫專禮堂舉行公開演講。歡迎一般人士來聽演講。（《臺灣日日新報》，大正 13 年〔1924〕12 月 5 日）

大正十三年十二月七日

辜博士（鴻銘），最近連日視察市中各校，以其所感語人曰：「所觀校舍，大抵宏壯華麗，一入門牆，令人起敬。至於教授之際，師弟之間，亦見靄然。教之者誠，習之者勤，教育之發達，此可窺而知矣。唯是學課之多，漢文之少，二者皆有可斟酌處。貪多務博，學者之病也。吾嘗染之，縱何天才，不無得此失彼之憾焉。誠能擇其尤切要者，多分時間以教之，則習之者易於會心矣。顧自世界思潮澎湃以來，所以救之導之於正者唯一漢學也。蓋寓仁義道德，倫理綱常者也。此番視察，凡諸學課之中，孰先孰後，一瞥難知，但以鄙意言之，東洋文明之精粹，存於漢學，而東洋之秉政者，所以教其國民，正宜倍之於他課，而反少之甚，此其見解何在，吾百索不一得也」

云云。博士之言，意味深長，可以攻玉矣。（《臺灣日日新報》，大正13年〔1924〕12月7日‧無腔笛）

大正十三年十二月七日
綱常名教定國論㈠　讀易老人著

　　予謂今日之中國，不廢共和政體，國不可一日安也。或問何以言之，予曰，昔有駐日本英使，嘗語人曰，舊日本舊時代，無二物，或問何物，曰臭蟲與律師。予亦謂舊日之中國無二物，或問何物，曰遊街拉客之倡女，與奔走運動之政客是也。今政體為共和，則必設國會立議院，伴此而起者，則必有政客。政客以巨大之權利為目的，而利用有力者俾為我用，勢去則又顧而之他，實與遊街之倡沿途拉客，迎新送舊，以求夜合之資者無以異。試以鼎鼎有名之政客唐紹儀言之。當革命之初，既鬻身於袁世凱矣，卒不安於室，為袁所棄，則之粵而合於岑春煊。已又被逐於岑，則更北奔求段祺瑞納入安福俱樂部，此與遊街拉客之倡何以異耶。憶辛亥冬，唐在上海投革命黨之次日，予遇之於西人處，予面責之曰：君為大清臣子，位至二品，富有巨萬，何莫非朝廷之賜？今負恩背義，何以為人？唐曰，君所言當矣，然此舊思想，不能行於今日。予曰行義則榮，行不義則辱，烈女不事二夫，忠臣不事二君，此天下之通義，不論古今，不分中外，不能舍是理也。夫唐與予本舊交，平時頗負志氣，至今日乃不知順遂逆榮辱之分，則西洋異學誤之也。近代英國路斯肯有言曰，今日我歐美學術，大凡只足以誤學者，使其全不知綱常倫理之為何物。今唐以美質而為

異學所誤，竟比倫於倚門之倡，然較之孫文、伍廷芳、梁啟
超、熊希齡輩，悍然禍天下而自以為得計者，尚有差。蓋唐比
之鄉曲少女，以性好繁華修飾，致不知賣倡為辱，故竟墮落
耳。予往在上海，見夙儒沈子培先生，問若梁啟超者，尚可再
登舞臺否，沈先生曰，惡瘡遍體，誰更悅此河間婦者，即段祺
瑞亦且唾棄之矣。今之論國事者。輒曰督軍害國，固已知政客
之罪，更千百倍於督軍，故今日之亂源，不在督軍，而當坐此
無恥背義怙利競亂，行類倡伎之政客也。故若今日無政客，雖
有督軍無能為矣。試問督軍，何以為督軍，非今日所謂政府
者，卑之耶？而今日政府之為何物，非袁世凱當日謀篡逆之機
關耶？今日督軍，即利用此機關，內則勤捐於民，外則借債於
各國，腴削國家之元氣，以自私造洋樓，擁豔姿，乘汽車，殖
貨財。而所謂政客，實陰操縱之，所利又倍蓰，而國與民交病
矣。簡而言之，今日之中國，政府之壟斷也；若國會若議院，
則容納倡伎之女閭也；若安福俱樂部與中外報界聯歡社，則私
國暗倡也；安福部則中國之暗倡也，中外報界聯歡社，則外國
暗倡。若所謂民國大總統者之果居何地位，吾蓋不忍形容擬議
之矣。故欲存今日之國，必先廢督軍，欲廢督軍必先斥政客。
欲斥政客，必先去共和政體，而申綱常、名教。非如此，國不
可一日安也。（《臺灣日日新報》，大正 13 年〔1924〕12 月 7
日·文苑）

大正十三年十二月七日

東西教育的異同㈠　辜鴻銘博士演講

　　我這次訪問日本內地，到處受到歡迎，還在五個地方舉行了演講。特別是來臺灣以後，受到官民各方面的款待，有機會在各處演講，而且今天承蒙本地最有力的團體——臺灣教育會及東洋協會臺灣分部的邀請，方能認識各位。儘管下雨，仍蒙諸賢出席，客滿的情形，連這間大廳也無立錐之地，盛況空前，我的心中非常喜悅。今天我要演講的題目是〈東西教育的異同〉，為了聆聽我拙劣的演講，花費諸位寶貴的時間，我覺得很可惜，所以我想儘量簡單明瞭地說出自己的意見，完成任務。

　　歐洲的戰亂留下極其殘酷的戰跡以後，招致思想上的一大變動，其惡化的思想所到之處，一直不停破壞善良的道德。善導如此混沌的社會思想，就是當前的緊急任務，現在就是我們必須同心協力，完成如何改造善導人類心靈之方式的時代。而我相信要改造善導人類之心，則必須依賴教育之力。亦即我認為教育是為社會之根基。中國的古語說：「有端正的學術然後才有好風俗。有好風俗然後才有好政治。」教育當然是必要的，但是我把教育分成 moral education（普通教育）、liberal education（自由教育或高等教育）、technical or professional education（職業或專門教育）這三個領域而來舉行演講。

　　羅馬帝國滅亡之後，因 Corsica 蕃族之侵入，歐洲的文化從根本上被推翻掉，使得所謂的黑暗時代出現。這個時候，中國文明也因蕃族的入侵，一切都被破壞掉。在不知文化之可貴的蕃族出現以後，建設現代之文化的，就是基督教。基督教的傳教師根據基督之教誡《聖經》，而來教導人類善良之道。依

據《聖經》而被傳教的道德，把的歐洲蕃族引導往善良的方向，漸漸使其蒙受文化薰陶。結果歐洲的人民不僅善良純良，而且變成有愛好雅美的風氣。如果要實行善良之道的話，必須知道善和惡的關係。而能夠教我們這個關係的，就是道德教育。古人教我們文、行、忠、信四道，其中尤以教以正行最為重要。現在歐洲所以從戰亂到革命，從革命到動亂，所以會導致如此混沌的現狀，就是因為一味地注重科學教育，忘卻了道德教育之重要性。（《臺灣日日新報》，大正 13 年〔1924〕12 月 7 日）

大正十三年十二月七日
辜博士演講會

由東洋協會和臺灣教育會主辦的辜博士演講會，誠如所報導的，六日下午兩點在醫專禮堂舉行了。為了聆聽這場超越新舊的，所謂「真正的中國人」的警世洪鐘之演講，晚秋不顧下雨而蜂湧而至的臺北的知識分子階級、專門學校和各中學的男女學生、青年擠滿了大禮堂，使得禮堂無立錐之餘地。演講之前，首先有小野視學官的致詞。辜博士身穿藍色的中國傳統服裝，披上紫紅色的裀而登上講壇，經由法水外事課長介紹後，就對〈東西教育的異同〉這一問題，從歐戰以後的歐洲之混亂局面，開始說起，進行一場特別的演講，演講在四點多時結束。來參加這次演講的人數，有一千二百多名，真是近來罕見的演講會。（《臺灣日日新報》，大正 13 年〔1924〕12 月 7 日）

大正十三年十二月八日
歡迎辜鴻銘博士之詩筵

　　集合北部漢詩人之有力團體——臺北瀛社，以中國學者辜鴻銘博士來臺灣為一良機，七日下午從二點開始，在江山樓舉行歡迎辜博士的詩筵。參加的五十餘名詩人，就「瓶菊」（限七絕豪韻二首）這一規定的題目，各自埋頭作詩，直到四點半才結束。接著委託鄭永南、黃純青兩老師挑選，然後詩筵才休息。就在這個時候，辜博士來到會場，和大家暢談片刻之後，宴會便開始，代表主辦單位的謝汝銓老師，簡單地致歡迎之詞。與謝汝銓老師相呼應，辜博士站起來稱讚瀛社同仁振興漢學，使與會者相當高興。博士為西洋文明的腐敗甚為悲嘆，提倡保持中國固有的文明。就這樣，宴會開得很隆重，於八點多散會。當天來賓當中也有小松吉久、尾崎秀真、林履信諸位，林小眉先生把臺北瀛社出版的一本詩集，贈給全部與會人員。（《臺灣日日新報》，大正13年〔1924〕12月8日）

大正十三年十二月八日
東西教育的異同㈡　辜鴻銘博士演講

　　雖然羅馬帝國滅亡之後，歐洲把文學、美術等等都喪失掉了，但是經過黑暗時代之後，依據基督教的道德教育，文學、哲學、藝術等等都再度興盛了起來。於是新的教育方式便被實施。這種教育方式就是所謂的 liberal education（自由教育）。所謂自由教育，相對於修完普通教育的課程，更分成哲學、文學、政治學、法理學等等的專業，而施予高等教育，授與學好

各領域專業學術的人 Master of Arts 的學位，這種 libeal educa-
tion ，就是使歐洲人民進步神速，給與人類之美好部分的教
育。我覺得當時的自由教育，正相當於中國的儒學。「儒學」
一就如其字，指的就是人類所需的學問，是人類之學問也。英
國的 humanity 相當於中國的儒， liberal education 本來也是以
humanity 為其本義。後來最近五十年之間，雖然將之稱為自由
教育，其實卻是積極地實施專業教育、職業教育，以至於忽視
了道德教育。雖然結果也出現了各式各樣的學者、專家，但是
並沒有出現 good man 這樣善良的人。而且因為只是出現一些
機械式人類，結果思想惡化，社會主義、共產主義或無政府主
義蔓延，各自的特色越來越強烈，結果產生了種種的派系，政
治變成一部分官僚的私有物。終於導致社會的善良人士越來越
少。以上我所說的，就是泰西教育的大略。接著我想講東洋的
教育，尤其是以中國為主的東洋教育。

中國的教育，在漢代的時候，以道德教育為主，提倡人應
該端正行為。唐代的時候則著重於文藝教育，宋代所施行的教
育則太過嚴格。其後隨著時勢的進步，教育方針也有了改變，
到了現代，便實施跟歐美一樣的專業教育，變成了依照考試而
來決定職業的情況。結果只喜歡偏於一方的職業教育，終於漸
漸也發現了專業教育的弊病。亦即，現代的學生只是機械式地
學習孔孟之教誨而已，不能理解其中真實的意義，所以他們所
受的學問，只不過是一種形式的學問而已，所以才會產生現今
的弊病。西洋的教育，如上所述，現在已經實施到第三的職業
教育、專業教育，看樣子，日本的情況大概也是一樣。在歐美

各國或日本，也有設備齊全的專業學校或富麗堂皇的大學，各自都有實施專業教育。可是在中國，這種專業學校非常少。所以在中國如果想要做什麼生意的話，只要直接進入那個行業，就可以學會那個生意的方法。然而我覺得有的中國人在世界上到處活躍，而且賺到不少的錢，那些受了專業職業教育的歐美人、日本人姑且不論，並不能超越沒有學過職業教育的中國人，將其活動加以比較，看來在商業上並沒有什麼不同。那麼受專業教育的人，其優點到底又在哪裏？（《臺灣日日新報》，大正13年〔1924〕12月8日）

大正十三年十二月八日
辜博士氏講演會
臺灣教育會東洋學會共主催

臺灣教育會與東京協會，既如所報，去初6日午後2時起之於醫專學校講堂，主催講演會。過午後聽眾不分內臺人、外國人男婦有識者，次第出席，至一時餘，早已擁擠不開，不二時，博士偕辜顯榮氏，及兩會執事臨之，小野視學官乃登壇述開會辭，並將博士一生經歷，周詳紹介，於是博士以英語講演，題為「東西教育之異同」，滔滔數千言，條暢抑揚，直至三時半始畢。先就西洋古代，以現代教育之得失，與其文明之隆替，而論中華漢唐宋之教化，相與比較。末就來朝之後，觀內地臺灣教育之現狀，批評短長，引《大學》明德新民之語，力勸教育方針，切宜乘時改變，極於職業教育、專門教育，更進以紳士教育、成人教育，庶可以復東洋之文明而善導國民之

思想。法水外事課長，一一譯之，既而代表主催者，以英語鄭重迹謝，還於樓上少憩，4時頃歸大何行寓所云。（《臺灣日日新報》，大正13年〔1924〕12月8日）

大正十三年十二月八日
辜博士講演

　　大正協會。本日午候5時延辜鴻銘博士講演後，設筵招待。希望會員多數出席。會員以外參加者，甚為歡迎。（《臺灣日日新報》，大正13年〔1924〕12月8日）

大正十三年十二月九日
綱常名教定國論㈡　讀易老人著

　　客聞吾言曰，君所言誠當矣，但今日西洋各國，言政治但論利害，而不論綱常倫理。予曰，無綱常無教之政，必至於無政。前謂舊日無律師，舊中國無政客，因舊日本舊中國有名教也。國家禁民為非，不恃律師之法律而恃有君子之道也之（在日本，為武士道）。至立國行政，非恃政客所訂之憲法而恃聖人之名教大綱。何謂名教之大綱？則孔子春秋大義是也。此大義即中國與日本之真憲法，我東方文明之根本也。袁世凱者，萬代不可赦之罪人也。以政客欺百姓惑人心，以叛兵脅朝廷讓國位，於是春秋大義亡。夫春秋大義者，我中國及日本人人知之。西人若欲明此義者，蓋即西人政治家所謂正統之說，即我中國所謂名分大義也。夫欲治今日之中國，名分不正則令不行。而所謂名分正者，譬女子之為適室者，雖庸弱無威嚴，但

恃其名分正，位乎內，家人臧獲，靡弗敬謹受命。一家然，一國亦然。譬之美國之共和，其總統真由民間選舉，故名分亦不得謂之不正，名分正故號令行。今之中國號何以不行？因袁世凱以篡逆得之，名分出於盜竊故也。自袁以後，以偽承偽，名分仍不正。何以言之？總統之選舉非出真正之民意，乃合政客與督軍，以詐力賺得之者。西友聞而詰予曰，今之中國總統之選舉固非正矣，姑且須之，異日固可得真正民意所選舉之總統也。予曰此即過激派之思想，虛懸一異日之天堂，而民間固日日罹於鋒刃，中國待將來之真正憲法、真正共和、真正總統，譬如河清之難俟。僕固任大學教授者也，今且三月不得脩金，欲矣真共和之時代，僕之為餓莩蓋已矣矣。（《臺灣日日新報》，大正13年〔1924〕12月9日・文苑）

大正十三年十二月十日
綱常名教定國論㈢　讀易老人著

　　僕憶光緒戊戌，日本伊藤侯遊中國。僕與侯言日本開國會及憲政事，侯謂彼國之所以決行國會與憲政者，蓋鑑於相臣之結黨攬權。予曰，固也。然有國會之後，必產出政客以擾國。已而政客果蜂起，伊藤侯乃苦志以圖挽救，設政友會，冀化野心不合正軌之政客，而為公忠體國之政治家。僕不知其效之何如，然日本政客終不能為害於國家者，蓋恃日皇有正大之名分故也。試觀邇者日本議院之爭固甚烈矣，政府乃得而解散之何也？名分正也。邇者中國之戰，總統下令止兵，兵不可得而止何也？名分不正也。由此可見名分之正不正，其關係如此之巨

也。今日日本天皇陛下年號為大正，蓋正一己以正天下，有深意存焉。袁世凱之僭號曰洪憲，僕謂其年號當曰大歪。蓋以不正率天下而陷天下於禍亂也。僕嘗與東友言，貴國全國之國民應本大正年號二字，顧名思義，知日本所以立國之道，本我東方數千年來祖宗遺傳之綱常名教，更當念同文同種之義，推廣此旨，以與我國人士共維持此綱常名教，以申春秋大義於天下，俾亂臣賊子絕跡於天下，攡示標範於世界各國，此固我兩國人士之大任也。僕於庚子後著《尊王篇》，其言曰，日本之與中國唇齒相依，更切於他國，日本若果本東方之大義，以與我國相周旋，以為各國表率，彼世界各國亦當相率而黜武力、崇正義。若用西人之眼光以視我國，則率不能得我之真相，交誼日鑿柄，必不能得善果也。噫！須知日本今日之所以能立國者，而不受侵侮於外人者，蓋由於維新之初士大夫能明尊王攘夷之大義也。夷者非黃種白種之謂，忘恩悖義之人如今日優娼政客、不知綱常之武人是也。優娼之政客，即孔子所謂亂臣；不知綱常之武人，即孔子所謂賊子。二者不去，不僅東方不安，環球亦無寧日矣。故孟子曰：孔子《春秋》成，而亂臣賊子懼。（完）（《臺灣日日新報》，大正13年〔1924〕12月10日・文苑）

大正十三年十二月十日
東西教育的異同㈠　辜鴻銘博士演講

　　如上所述，現代西方的專業教育、職業教育，亦即 technical or professional education 已經達到了非凡地進步。但是在另

一方面，卻也產生了不少的弊病，因此是否有必要再獎勵職業專門教育，這在決定將來的教育根本方針時，是個極大的問題。我在觀察世界各國的教育現狀時，斷然覺得專業教育的必要性，在這之上沒有再強調的必要。

我提倡將來要以大力推動文藝教育，並且培養頗富雅趣的善良人民為目前的教育急務。我從小受歐洲的教育，所以關於歐洲的教育，自信頗有見解。這次我從朝鮮訪問日本內地，現在又來臺灣到處訪問學校，視察設施及其他，我看到學校硬體設施富麗堂皇，設備齊全的樣子，好幾次都吃了一驚。而當我看到那些勝過歐美的專業教育、職業教育被完完全全地實施的時候，我不得不認為除了專業教育以外，我們更迫切地需要文學教育的這一個事實。比如說在看到一所專業學校或一所大學時，就可以知道除了專業教育，而且是完全屬於某一部門的專業教育以外，什麼文藝教育一點都沒有被實施。前幾天我訪問當地的中央研究所，視察各式各樣的研究，知道很多造詣很深的學者、專家各自在研究自己的專業，對社會做出貢獻，我覺得非常高興。可是當我想像到社會只是由這些埋頭研究預防白蟻、毒蛇或蛇毒而已的人們所構成的時候，我自然覺得害怕。也許各位會覺得我好像只願意說些討厭的話，可是既然我是一位堅持自己主張的學者，這也是不得已的事情。我看起來好像很頑固的樣子，也是由於同樣的理由。如果各位了解這件事情，承認為了培養人格的文藝教育之必要性，實施文藝教育的話，就不必以泰西的文藝為模範。因為在日本或中國本來就有很多更高尚的文藝。我提倡東方人應該依據遺留在東方的文藝

來培養崇高的人格。中國的文化中，最值得誇耀的就是孔子的教誨。孔子的教誨裏面有一本高尚的書，叫作《大學》。這本書裏面有「明明德，新民，止於至善」之語。我堅信這就是指示東洋教育的根本方針。我想依據這個教育方法，不但在東洋，連在歐美各國，也可以用東洋文藝來大力推動文藝教育。（《臺灣日日新報》，大正13年〔1924〕12月10日）

大正十三年十二月十一日
歡送辜博士　張我軍（一郎）

　　喧囂頗久的辜鴻銘博士，已踏入臺灣之地了。各界的歡迎的熱烈，真是近來不常見的！——特殊階級的歡迎不消說，就是官界也十分地表示歡迎之意。臺灣的三新聞也齊聲歡迎其來臺。呵！歡迎的人也算出不少了。不，寧可說太多了太熱狂了。我生怕那老受不慣這樣的熱狂的歡迎，以致惹出病來，設或不幸，又因病而不得不把一堆老骨骸埋在異地他鄉，那就太可憐了！因此，我反而欲把一服「清涼解瘟散」來致敬於大賢之前，這大概也是這位辜老博士所喜歡容納的罷。

　　辜君的學識如何，我們因為沒有看過他的名著，所以不便遽加批評。但是他的思想的腐敗陳朽，在中國老早就有定評了，所以也不用我來批評。然而他這次的渡日、渡臺，說是帶了一種使命，是欲在日本、臺灣，提倡東洋文明，鼓吹東洋精神。提倡東洋文明，鼓吹東洋精神，反過來說，便是要排斥西洋的精神、西洋的文明。而這層是我們所以不滿意他的。

　　我們雖不可無條件容納西洋的精神或文明，但也不當固守

著東洋的精神或文明來頑拒他。須知世間事沒有絕對的好，也沒有絕對的壞。東洋文明有東洋文明的好處，而西洋文明也自有他的好處。我們處在今日之時世，當取長補短，不該拘執一方，以致得此失彼，得彼失此，誤己誤人，誤了社會。況從今日的社會看去，東洋文明的缺點比比皆是，而其不合現代人的生活，也是眾人所公認而且痛感者的。日本之所以有今日者，──一躍而為三大強國之一──，與其說東洋文明之力，倒不如說是東西文明之合力。與其說是東西文明之合力，倒不如說是西洋文明之力。這絕不是我一個人的獨斷，乃世人所公認的。凡是有良心的日本人，那一個敢不承認伯爾利卿是日本國的恩人。假使當時明治大帝固守著從來的鎖國主義，而沒有傳入西洋的文明到日本來，那末，現在的日本，怕也和現在的中國相去不遠了。這不但政治如此，學術上、實業上，也都是如此。

然而偏偏有一班沒廉恥的東洋學者，硬要張冠李戴，把這段功勞欲盡歸於東洋文明的身上去。我們這位老博士就是其中一人。不然，怎的他一踏入日本之土，便連聲的說東洋文明之粹盡集在日本，而日本人才是真正的中國人。這話至少可以來證明他的意思是說：日本人有今日之強盛，是因為存著東洋文明所致，而中國所以有今日之弱，是因為沒有存著東洋文明。雖然我們承認日本還保存著東洋文明的一部（就是中國也保存著一部），但日本之所以能致今日之強盛，決非東洋文明之力，這是如前面所說的，可是一班愚頑的東洋文明信者，卻喜得甚麼似的，不能回顧事實如何，便大歡迎而特歡迎他，而許

多頑劣的言論機關，還替他大吹牛皮，這正如梁啟超，一聽見西洋人研究東洋文化，便喜得眉舞眼笑似的。

　　夠了！受夠了！我們臺灣已用不著你來鼓吹東洋文明，提倡東洋精神了。我們臺灣的東洋精神、東洋文明，是嫌其太多不嫌其太少呵！辜老先生，你還不覺悟東洋文明或精神之不合現代人的生活麼？你還不承認東洋文明或精神，誤了中國麼？要記得！輸入西洋文明太遲的中國，是被東洋文明弄壞了的，而且連你本身也被牠弄得無可容身之地，如此你還想不夠嗎？你還想帶牠來弄壞日本、弄壞臺灣嗎？

　　辜鴻銘博士，咱們說句誠實話罷：我願請一陣東南風，送你一帆風順，歸到中國去！

　　然若辜君此行，沒有帶什麼使命，但欲逛逛而已，那末我就不欲多嘴了。十一、二十三日。（《臺灣民報》第 3 卷 26 號，大正 13 年〔1924〕12 月 11 日）

大正十三年十二月十一日
空望復辟之辜老博士　華罪魁投稿

　　辜博士鴻銘先生，吾不知其何許人也，據臺報所載乃屬閩泉之同安人，其為中國黃帝之子孫可無疑矣。自祖父時遷居海外，先生曾畢業於檳榔嶼大學，現年六十有八，在三十餘歲時歸來中國，當光緒帝蒙塵西安，嘗著尊王之篇以鳴其不平。在中國英文萌芽之際，亦曾投過幾篇英文於上海泰晤士報。而當時之中國能操英文，作英文者不啻如麟角鳳毛。而物稀為貴，故得西后之宣召，賜以進士出身。更於復辟時，擢為幾日之右

侍郎。由此一端，而對於滿清間，則有君臣之關係焉。其所把忠君主義、亦從此而始矣。進士之名號，右侍郎之頭銜，雖非絞精血以換來，亦屬磕頭唱喏而償得，實非易易也。其鼎鼎博士之名號，吾尚未知博於何科。文學歟、政治歟，其亦經濟動植歟，視臺報之所云，乃屬文學大家，其為文學博士耶也。

當中國文學未改革之先，曾充北大之教授以混飯，及文學改革之際，不知因何之故，則不能見容，諒因其頭腦之昏、思想之舊，有以致之，不然，何以無所見聞，而潛蹤匿跡，作一種古董品，陳列博物院，以供人之參觀而已乎。此次為東都人士之招，掛帆應召，至東都後，欲探訪其大名鼎鼎之宗先生，亦由其大名之宗先生所請，故復來臺。其來臺也，說有具大造於臺人，要作臺人思想之先導。而臺亦渴望其有以教之導之，吾不知其將欲何以以教之而導之也。若以其之思想以教導之，而其思想已陳朽不堪用矣，若以東亞文明以教導之，而東亞固有之文明，吾等已知之深，而識之熟矣，何用其導為。此次之來，莫作先導自居，只求領略臺地之風光，與宗先生之奉敬可也。其有不然，必欲見賜，請將自身之經過歷史與所主張，公諸我臺，以作我輩之照鑑。先生頭腦之新舊與思想之高劣，吾雖未深知，但在將來臺時，對人一篇之談論，而頭腦與思想全盤托出，佈在字裏行間，印入吾輩腦袋，則知其為十六世紀之陳物矣。使我一見之，而滿身麻木，再讀之則欲□嘔，其中有謂「欲統一中國必須武力，吳子玉之失敗，宣統帝之放逐，雖屬遺憾，然必有反對之運動，而促成復辟之成功也」云云。其出此言也，欺人乎，自欺乎，亦奉承人意，而博人家之人歡喜

乎，抑為滿清之感情，而難於放置乎，天下不乏明眼人，天下少此聾瞶輩。其津津之談者，非病神經，亦屬囈語，吾本欲無言，吾又不得不無言，名為博士，而腦根之骯髒竟至於斯，行過中西而思想之昏昧，及乎如此，嗚乎博士，枉讀若許書。

當今時勢之趨向，日新月異，一日千里，若不之知者固可言也。其為中國人、中國之內容、中國人民之志向，豈亦不悉也，在今日之中國，復辟可能再現，武力尚可期於成功與否，雖在中國之婦孺，已知其一二，何況為大名鼎鼎之博士乎。其發此言也，不過為其受知遇之恩，以圖一報，而盡功狗責任之夢想耳，其所說，一篇之論語，乃夢想中之囈語而已。雖其忠君之士，之死靡他，可謂堅矣，而力不足何，雖有此之主張，而人民不悅服何。嗚呼井生、嗚呼博士，氣衰年老，日暮途窮，同志已虛，良多遺憾矣。吾不得不為之悲，吾又不得不為之惜。嗚呼文襄不作，張勳已亡，舉目中原有誰知你，素懷已矣，聊發囈語而消愁，忠心難忘，姑留辮尾以表志，嗚呼可憐矣哉。今幸觀光上國，來我臺灣，受官紳之奉迎，邀參神社，得三新聞之讚羨，大載特登，值得矣十六世紀之先生，榮幸哉亡清之老博士。望勿以思想先導而自居，污我臺灣之人腦，而暴露中國之穢聞，臺灣幸甚，而中國亦幸甚矣。而其塚中骷髏，穢惡萬千，絕己媚人，誰也可鄙，既是黃帝之孫子，中國之人民，而懇懇勤勤，思行背德以求榮，病狂傷心，誰為之過。

若其抱有忠君之果志，當早殉清室以俱亡，不可留跡人間，希冀復辟之有日，而享榮福，倘或貪生怕死，亦宜入山披

髮,了你殘年,有何面目,見彼中華黃帝之孫子,已矣已矣,
吾將無言,吾等亦不願你思想之見賜,吾臺灣暮氣將已燻天,
若再賜你老氣之些須,則恐暗不見日矣,你思想之善導,其指
歸地非夜叉之國,即閻羅之宮,多謝多謝,望勿費神。吾等當
敬敬恭恭,奉認你為埃及之金字塔,案頭之玉觀音,書籍中之
古字典,抽屜內之陳曆日,以供吾等之玩膽,而作吾等之參考
而已。

　　罪魁亦黃帝之子孫,寄居海外,不聞問中國事者,已有十
餘年之久矣。此回在報上,閱及辜博士之論調,不能已於欲
言,故作是篇,以抒我胸中之積惡。(華罪魁附識)(《臺灣民
報》第2卷26號,大正13年〔1924〕12月11日)

大正十三年十二月十三日
辜氏視察

　　目下視察南部之辜鴻銘氏,定本日下午抵臺中。該市主催
請氏開一場講演,然氏因跋涉疲勞,其諾否不明。若得其承
諾,決是日下午四時,在公會堂開講演會。又是夜香園閣,開
臺中懇話會,並擬招待辜氏云。(《臺灣日日新報》,大正13
年〔1924〕12月13日)

大正十三年十二月十三日
辜博士臺中演講・座談會之招待宴會

　　現在正在視察臺灣南部的辜博士,預定十三日下午到臺
中。臺中市打算由市府主辦邀請辜博士作一場演講,可是因為

辜博士很累，所以現在不知道博士答應與否。如果幸運地辜博
士答應的話，預定該日下午從四點左右開始，在公會堂舉行演
講會，還有該日晚上，會在香園閣舉辦臺中座談會，來招待辜
博士。（《臺灣日日新報》，大正13年〔1924〕12月13日）

大正十三年十二月十四日
辜博士蒞南

中華碩儒辜鴻銘博士，去十一朝蒞南，官民多數出迎。下
車後赴黃欣氏宅小憩，旋驅自動車，訪問各方面，正午臨公會
堂官民歡迎會，會散歸黃氏宅。晚七時，應臺灣彰聖會請，在
公會堂開講演會。先由津田氏述開會辭，次博士登壇，以流暢
英語，就道德教育必要之題，講演多時，引古證今，深中肯
綮。第二中學竹田教諭通譯，極為詳切，是夜聽眾，無慮四千
餘人。越日黃氏，導遊市內各處名勝，古跡學校，到處人民爭
觀風采。邦人士託黃氏求揮毫者甚多，黃氏皆婉言辭卻。昨日
赴中部云。（《臺灣日日新報》，大正13年〔1924〕12月14
日・赤崁特訊）

大正十四年一月一日
民國之碩學・辜鴻銘博士來臺灣

中華民國的碩學辜鴻銘博士，在參觀日本的歸途，去年冬
天十一月二十五日帶領大東文化協會的東中將來臺灣。

博士在檳榔嶼出生，小時候在英國念書，學完 grammar
school，畢業於愛丁堡大學，回國以後研究中國的經籍，其學

涉及東西，會說十餘國語言，曾經擔任過張之洞的秘書，又以教師或記者為職，度過其大半的人生。博士今年六十八歲，來臺灣到處舉行演講，大力提倡東洋的精神文化，由東洋協會分部及臺灣教育會所主辦的演講會上，發表長篇大論地雄辯淘淘，再三提倡日中親善，又稱讚地說臺灣就是樂土。淹留三旬，周遊臺灣全島。我相信辜博士一定會寄與這個島某種精神之物。

大正十四年一月十五日

辜鴻銘先生此次東遊，頗有演講，而其論斷，多中肯綮，如引「學而不思則罔，思而不學則殆」二語，謂今之舊學者，大都學而不思，而新學者則又思而不學。又曰：「大學之道，在明明德，在親民，在此於至善」，可為治國平天下之本，施之古今而不悖者也。

先生受大東文化協會之聘，將以明春再來，吾願先生抒其學識，振其精神，以發揮東洋文化之特色。（棠）（《臺灣詩薈》第14號，大正14年〔1925〕1月15日，頁60・餘墨）

民國四十一年八月十三日
辜鴻銘來臺瑣聞　文瀾

「辮髮忠猶寄，齊眉□竟虛，還將尊王論，遍布海東隅。」這首詩是某氏於辜鴻銘來臺往訪時的口占。辜鴻銘是清末的碩儒，幼時遊學英、法、德、奧諸國。精研經訓，篤信孔孟之道。著有《讀易草堂文集》、《幕府紀聞》等書，又將《春秋

大義》、《中庸》、《論語》譯成西文傳播國外。他的語文天才，不特為國人所欽佩，尤見重於西人。

他於民國十三年十二月，以六十八歲高齡，應日人之聘，赴日轉途來臺。他這次來臺，比章太炎遲了二十四年，又比梁啟超遲了十四年，而日人竊據臺灣，已歷三十一年了。當時，臺人對日的武力抗爭，雖然終息了，可是受了第一次世界大戰的影響，「民族自主」的政治思想，已開始萌芽，而且受了「五四運動」成功的刺激，在寂靜的毫無聲息的臺灣文學界，所謂「新舊文學之爭」，正鬧著天昏地暗。就在這時候，他不遠千里拖著辮子迢迢而來，此行是否帶有什麼政治使命，筆者不大明白，也不敢妄自揣測！可是，可以說他這一次的來臺，的確比章太炎、梁啟超更重大地引起了臺人的注目。

他於各地舉行演講，宣傳「孔孟之道」，受了臺灣人士熱烈的歡迎，也受了激烈的排斥。當時連雅堂於《臺灣詩薈》為文盛讚說：「辜鴻銘先生此次來遊，頗有講演，而其論斷，多中肯綮。如引『學而不思則罔，思而不學則殆』二語，謂今之舊學者，大都學而不思，而新學者則又思而不學。」又曰：「大學之道，在明明德，在親民，在止於至善。可為治國平天下之本。施之古今而不悖者也。」

反之，有一部分青年則在《臺灣民報》發表長篇宏論，加以排擊，有化名華罪魁，作〈空望復辟之辜博士〉一文，駁說：「其來臺也，說其大有造於臺人，要作臺人思想之先導，而臺人亦渴望其有以教之導之，吾不知其將何以教之導之也。若以其思想以教導之，而其思想已陳腐不堪用矣。若以其東亞

文明以導之,而東亞固有之文明,吾等已知之深,而識之熟矣,何其用導為?」又對他來臺談話中說:「欲統一中國必須武力,吳子玉之失敗,宣統帝之放逐,雖屬遺憾,然必有反對之運動,而促復辟之成功也。」更無情地予以痛斥說:「其為中國人,中國之內容,中國人民之志向,豈亦不之識耶?在今日之中國,復辟可能再現,武力尚可期於成功與否?雖在中國之婦孺,亦已知其一二,……何況為大名鼎鼎之博士乎?其發此言……乃夢想中之囈語耳。」

還有署名一郎作〈歡迎辜博士〉一文,舉日本為例說:日本以一種蕞爾小國,躋至世界三強之一,實得力於「西洋文明」,而罵一班東洋學者,混淆事實,歸功於「東洋文明」,說:「這位老博士,就是此中一人。不然,怎得一踏入日本之土,便連聲的說,東洋文明之粹,盡集在日本,而日本人才是真正的中國人?這話至少可以來證明他的意思,是說:日本有今日之盛況,是存著東洋文明所致的。」並排斥臺灣士紳說:「可是一般愚頑的東洋文明信仰者,卻喜歡得什麼似的不能回顧事實,便大歡迎而特歡迎他,而許多頑劣的言論機關,還替他大吹牛皮……。」

辜氏離臺後,曾說要再來臺一次,但是終他去世為止並未實現。(《中央日報》第6版,民國41年〔1952〕8月13日)

國家圖書館出版品預行編目資料

近代中國知識分子在臺灣 2 ／ 林慶彰,陳仕華

　主編, --初版 --臺北市：萬卷樓, 民 91

　面；　　　公分

　ISBN 957－739－410－8 (第 2 冊:平裝)

　1.知識份子-中國 2.中國－傳記

782.238　　　　　　　　　　91016103

近代中國知識分子在臺灣 2

主　　　編：林慶彰、陳仕華
編　　　輯：何淑蘋、鄭誼慧
發 行 人：楊愛民
出 版 者：萬卷樓圖書股份有限公司
　　　　　　臺北市羅斯福路二段 41 號 6 樓之 3
　　　　　　電話(02)23216565・23952992
　　　　　　傳真(02)23944113
　　　　　　劃撥帳號 15624015
出版登記證：新聞局局版臺業字第 5655 號
網　　　址：http://www.wanjuan.com.tw
E-mail　：wanjuan@tpts5.seed.net.tw
經 銷 代 理：紅螞蟻圖書有限公司
　　　　　　臺北市內湖區舊宗路二段 121 巷 28 號 4F
　　　　　　電話(02)27953656(代表號)　傳真(02)27954100
E-mail　：red0511@ms51.hinet.net
承 印 廠 商：晟齊實業有限公司
定　　　價：260 元
出 版 日 期：民國 91 年 10 月初版

ISBN 957－739－410－8